【双色插图版】

古文观止

第四册

〔清〕吴楚材·编
〔清〕吴调侯·编

国学典藏·线装书系

线装书局

卷十一 宋文二

留侯论① 苏轼

作者简介

苏轼（1037~1101），北宋著名文学家、书画家。字子瞻，号东坡居士。眉州眉山（今属四川）人。宋仁宗嘉祐二年（1057）进士。入仕后不久，赶上王安石变法。苏轼本身也是主张改革的，但政见并不完全相同，再加上社会关系等因素，使他和王安石对立。神宗熙宁四年（1071），被贬为杭州通判。后转知密州、徐州、湖州，颇有政绩。他虽然反对变法，但常『因法以便民』，妥善地施行了许多新法，而又常托诗来讽谕新法的一些弊端。这些诗，在他知湖州时被变法派罗织，控告他『讪谤朝政』，被捕入狱。后被贬为黄州团练副使。神宗死后，旧派得势，他被召回朝廷任中书舍人、翰林学士等职。后又知颍州、扬州，入为礼部尚书。后又知颍州，名声非常好。苏轼的仕途虽极尽曲折坎坷，但他乐观旷达，随遇而安，笔耕不辍，在文学上有极高的成就。诗称宋诗之冠，与黄庭坚并称『苏黄』；词开豪放之风，与辛弃疾并称『苏辛』；散文与欧阳修并称『欧苏』，同列『唐宋八大家』，均属当代一流。有《东坡七集》等传世。

古文觀止 卷十一 宋文二

山水圖 明·張復陽

此圖畫蒼茫江邊，枯枝敗葉，待客孤舟，船主縮頭袖手獨坐船頭；路上行者，拱手低頭相互揖問候。作者此幅師法元代吳鎮筆意，畫樹枝葉又硬又直，但硬中有婉，直中有收。全圖給人一種蕭條枯瑟的秋冬景象。

原文

古之所謂豪傑之士，必有過人之節，人情有所不能忍者。①匹夫見辱，拔劍而起，挺身而斗，此不足為勇也。②天下有大勇者，卒然臨之而不驚，無故加之而不怒，此其所挾持者甚大，而其志甚遠也。③

夫子房受書於圯上之老人也，其事甚怪。④然亦安知其非秦之世，有隱君子者，出而試之？⑤觀其所以微見其意者，皆聖賢相與警戒之義。而世不察，以為鬼物，亦已過矣。⑥且其意不在書。⑦

當韓之亡，秦之方盛也，以刀鋸鼎鑊待天下之士，其平居無事夷滅者，不可勝數。⑧雖有賁、育，無所復施。⑨夫持法太急者，其鋒不可犯，而其勢未可乘。⑩子房不忍忿忿之心，以匹夫之力，而逞於一擊之間。⑪當此之時，子房之不死者，其間不能容發，蓋亦已危矣。⑫千金之子，不死於盜賊。何哉？其身可愛，而盜賊之不足以死也。⑬子房以蓋世之才，不為伊尹、太公之謀，而特出於荊軻、聶政之計，以僥幸於不死，此圯上老人所為深惜者也。⑭是故倨傲鮮腆而深折之。⑮彼其能有所忍也，然後可以就大事，故曰：「孺子可教也。」⑯

楚庄王伐郑，郑伯肉袒牵羊以迎。[17]庄王曰：『其主能下人，必能信用其民矣。』遂舍之。[18]勾践之困于会稽，而归臣妾于吴者，三年而不倦。[19]且夫有报人之志，而不能下人者，是匹夫之刚也。[20]夫老人者，以为子房才有馀，而忧其度量之不足，故深折其少年刚锐之气，使之忍小忿而就大谋。何则？非有平生之素，卒然相遇于草野之间，而命以仆妾之役，油然而不怪者，此固秦皇之所不能惊，而项籍之所不能怒也。[21]

观夫高祖之所以胜，项籍之所以败者，在能忍与不能忍之间而已矣。[22]项籍唯不能忍，是以百战百胜，而轻用其锋。高祖忍之，养其全锋而待其敝。此子房教之也。[23]当淮阴破齐而欲自王，高祖发怒，见于词色。[24]由是观之，犹有刚强不能忍之气，非子房其谁全之？

太史公疑子房以为魁梧奇伟，而其状貌乃如妇人女子，不称其志气。[25]呜呼！此其所以为子房欤！[26]

选自《东坡七集·应诏集》卷九

注释

①留侯（？～前186）：指张良，他辅佐刘邦统一了全国，建立起西汉政权，被封为留侯。留，古代的县名，在今江苏徐州。②节：节操，品格。人情有所不能忍者：意思是说人之常情有无法忍受的事情，那些豪杰之士却能够忍受。③匹夫：指普通男子。见辱：被污辱。见，表被动。不足为勇：算不上真正的勇敢。④卒（cù）然：突然。挟持者：指所拥有的理想抱负。⑤子房受书于圯上之老人：张良从桥上老人处得到了一本书。具体故事见于《史记·留侯世家》。故事大意是说刺杀秦王失败后的张良改名换姓隐匿起来，一天在桥上遇到一位老人。经过几番试探和考验张良的品行后，老人送给张良一本书，并告诉张良有了这本书就可以辅佐君王成就大业。圯（yí），桥。⑥隐君子：隐居的高士。试之：试探张良是否能够承担起灭秦的大

古文观止
卷十一 宋文二
五三三

⑦微见其意：指老人在与张良接触的过程中隐隐表现出的意思。见，同『现』，表现，显现。鬼物：鬼神之类的东西。已：太，甚。过：错误。⑧其意不在书：意思是说桥上老人与张良接触，用意不在送书给他。⑨刀锯鼎镬(huò)：均指刑具。鼎镬，古代烹煮人的刑具。三个脚的是鼎，没有脚的是镬。夷灭：灭族，灭门，杀全家。⑩贲(bēn)、育：分别指孟贲、夏育，二人均为古代著名勇士。施：施展其力量。⑪其锋不可犯：这是说执法行动所及，不可违犯。其势未可乘：这是说当时形势有利于秦，反抗秦国的没有可以依靠的势力。⑫忿忿之心：指张良内心对秦王朝的愤恨不平。⑬其间不能容发：指当时张良处境十分危险，不死与死误中副车。秦始皇二十九年（前218），张良趁其东游，与刺客在博浪沙（今河南原阳东南）中狙击秦始皇，但之间，只差一点点，连一根头发都容不下。已危：太危险。已，太，甚。⑭千金之子：指贵人家子弟。不死于盗贼：意思是说不与盗贼拼命。不足以死：不值得因他们而死。⑮盖世之才：压倒一世的才能。盖，超过。伊尹、太公之谋：指辅佐圣主平定天下的大谋略。伊尹，商汤的大臣，辅佐汤建立商王朝。太公，即太公望，俗称姜太公。辅佐周武王灭商，建立周王朝。荆轲、聂政之计：指对个人行刺的做法。荆轲，战国时期卫国人，曾为燕太子丹刺杀秦王，失败被杀。聂政，战国时韩国人，曾为严仲子刺杀韩相侠累，后自杀而死。⑯倨傲：傲慢不恭。鲜腆(tiǎn)：刻薄无礼。折：摧辱。⑰楚庄王伐郑：事在公元前597年。楚庄王，春秋时楚国国君，春秋五霸之一。郑，春秋时的一个诸侯国，国都在新郑（今属河南）。郑伯：指郑国国君郑襄公。肉袒(tǎn)：脱去上衣，露出肉体，表示认罪。袒，裸露。⑱下人：屈居人下。信用其民：取信于民，民为其用。舍：通『赦』，赦免。⑲勾践之困于会稽：事在公元前494年。勾践，春秋末年越国国君

贾谊论 ①

苏轼

原文

非才之难,所以自用者实难。惜乎!贾生王者之佐,而不能自用其才也。② 夫君子之所取者远,则必有所待;所就者大,则必有所忍。③ 古之贤人,皆负可致之才,而卒不能行其万一者,未必皆其时君之罪,或者其自取也。⑤

即位后三年,在与吴国的战争中失败,被困于会稽(在今浙江省中部),屈服求和,到吴国当了君下臣,三年后被遣回国。归臣妾于吴:为其臣妾。吴,春秋时国名,国都在今江苏苏州。⑳ 报仇⋯指暂时屈服于人。㉑ 平生之素:往常相交的情意。素,通"愫",真情实意。仆妾之役:指捡鞋、穿鞋这类伺候人的事。油然:很自然的样子。固:必定,一定。惊:使⋯⋯惊慌。项籍:即项羽。名籍,字羽。是秦末起义军的领袖,秦朝灭亡后,自立为西楚霸王。在楚汉战争中,被汉高祖刘邦击败,自杀。怒⋯使动词。㉒ 高祖:即汉高祖刘邦。西汉王朝建立者。㉓ 轻用其锋:轻率地动用其兵力。养其全锋蓄养、培植其整个军力。㉔ 淮阴:指淮阴侯韩信。西汉的开国元勋,善于用兵。初封齐王,后改封楚王。因有人告他谋反,降为淮阴侯。后又被告谋反,遭杀害。魁梧奇伟:身材高大,相貌气度不凡。见:同"现"。㉕ 太史公:司马迁自称。《史记》每篇最后,司马迁都以太史公的名义发表评论或感想。㉖ 此其所以为子房欤⋯这就是张子房之所以为张子房吧!意思是说这就是张良和别人不同的地方。

愚观贾生之论，如其所言，虽三代何以远过？得君如汉文，犹且以不用死，然则是天下无尧舜，终不可有所为耶？⑦仲尼圣人，历试于天下，苟非大无道之国，皆欲勉强扶持，庶几一日得行其道。⑧将之荆，先之以冉有，申之以子夏。⑨君子之欲得其君，如此其勤也。孟子去齐，三宿而后出昼，犹曰：『王其庶几召我。』⑩君子之不忍弃其君，如此其厚也。公孙丑问曰：『夫子何为不豫？』⑪孟子曰：『方今天下，舍我其谁哉？而吾何为不豫？』君子之爱其身，如此其至也。⑫夫如此而不用，然后知天下果不足与有为，而可以无憾矣。⑬若贾生者，非汉文之不能用生，生之不能用汉文也。⑭

夫绛侯亲握天子玺而授之文帝，灌婴连兵数十万，以决刘吕之雌雄，又皆高帝之旧将。⑮此其君臣相得之分，岂特父子骨肉手足哉？⑯贾生，洛阳之少年，欲使其一朝之间，尽弃其旧而谋其新，亦已难矣。⑰为贾生者，上得其君，下得其大臣，如绛灌之属，优游浸渍而深交之，使天子不疑，大臣不忌，然后举天下而唯吾之所欲为，不过十年，可以得志。⑱安有立谈之间，而遽为人痛哭哉！⑲观其过湘为赋以吊屈原，萦纡郁闷，趯然有远举之志。⑳其后以自伤哭泣，至于夭绝，是亦不善处穷者也。㉑夫谋之一不见用，则安知终不复用也？不知默默以待其变，而自残至此。呜呼！贾生志大而量小，才有余而识不足也。

古之人，有高世之才，必有遗俗之累。㉒是故非聪明睿智不惑之主，则不能全其用。㉓古今称苻坚得王猛于草茅之中，一朝尽斥去其旧臣而与之谋。㉔彼其匹夫略有天下之半，其以此哉！㉕愚深悲生之志，故备论之。㉖亦使人君得如贾生之臣，则知其有狷介之操，一不见用，则忧伤病沮，不能复振。㉗而为贾生者，亦谨其所发哉！㉘

选自《东坡全集》卷四十三

注释

① 贾谊：西汉政论家、文学家。② 非才之难：不是获得才能困难。自用：自己使其得到运用、发挥。
③ 贾生：即贾谊。汉代称儒者为生。王者之佐：指宰相之类的大臣。这句话是说贾谊具有当宰相的才能。
④ 君子：这里泛指贤能有志之士。所取者：求取的理想。所就者：成就的事业。⑤ 负：具有，怀有。致：获致，达到。卒：终于，最终。行其万一：在实践中发挥其才能的万分之一。万一，万分之一。时君：当时的君主。⑥ 愚：自称，谦词。如其所言：按照他所说的实行。三代：指夏、商、周三代。⑦ 汉文：指西汉时的皇帝汉文帝。古代认为是最圣明的君主。苟：假如。无道：指统治腐败暴虐，不推行仁政。勉强：勉力，尽力。庶几：或许。表示希望。⑧ 仲尼：孔子，被后世尊为圣人。曾周游各诸侯国，推行自己的政治主张。试：指尝试推行自己的主张。⑨ 荆：指楚国。冉有、子夏：二人均为孔子的门生。申：重复。⑩ 孟子：战国时期儒家代表人物，被后世尊为『亚圣』。去齐：离开齐国。三宿而后出昼：意思是说在昼等了三天三夜才出走。三宿（xiǔ），三个夜晚。昼，齐国的一个地名，在今山东临淄。⑪ 公孙丑：孟子的弟子。豫：快乐。⑫ 爱其身：珍爱自身，有自信心，遇到挫折不轻易绝望，不自暴自弃。如其至：意思是说达到这么高的境界。至，极，最。⑬ 天下：指天下君主。果：果真，确实。不足：不能。与有为：即『与之有为』。⑭ 『用生』中的『用』，意为信用、信任。⑮ 绛侯：指汉初大臣周勃。玺（xǐ）：本为印的统称，秦以后专指皇帝的印，用玉制成。灌婴：汉初大臣。雌雄：喻指胜负，高下。高帝：即西汉开国皇帝刘邦。⑯ 相得：互相投合、

古文观止　卷十一　宋文二　五三七

信任。分（fèn）：情分，缘分。特：只。骨肉手足：比喻同胞至亲关系。⑰少年：年轻人。一朝（zhāo）之间：指非常短的时间之内。弃其旧而谋其新：指贾谊曾向文帝提出的更定法令、列侯就国等一系列改革建议。已：太，甚。⑱得其君：受到君主的信任。优游：从容不迫。浸渍（zì）：渐渐渗透。举天下：整个天下。举，全。唯：只，任凭。⑲立谈：指短暂的交谈。遽（jù）：急，突然。为人痛哭：指贾谊《治安策》序中所说：『臣窃惟事势，可为痛哭者一，可为流涕者二，可为长太息者六。』⑳过湘：指贾谊因受朝中大臣排挤，被贬为长沙王太傅，赴长沙途中，渡过湘水。屈原：战国时楚国大诗人。萦（yíng）纡：曲折缭绕的样子。郁闷：指心中忧郁苦闷。趯（yuè）：通『跃』。远举：高飞，比喻离开尘世而隐居。㉑夭绝：夭折，早死。贾谊死时正当盛年，才三十三岁。处穷：应付逆境。㉒遗俗之累：不合世俗的忧患。遗，弃，背离；累，牵累，困扰。㉓睿（ruì）：明智，智慧通达。惑：迷惑，糊涂。全其用：完全发挥其作用。㉔苻坚：十六国时期前秦的皇帝。王猛：字景略。初隐华山，后为苻坚谋士，甚受信用，官至丞相。草茅之中：指隐居的地方。『一朝』句：苻坚得到王猛之后，一见如故，对他极其宠信，旧臣多有不满。大臣仇腾、席宝屡次非议王猛，苻坚大怒，贬黜二人，于是满朝皆服。㉕匹夫：古代指平民男子。这里指普通人。略有天下之半：苻坚一度统一北方，与南方的东晋对峙。略，夺取。㉖悲：哀怜，同情。备：详备。㉗狷（juàn）介：洁身自好，孤高不群。操：节操，品行。病沮（jǔ）：颓废沮丧。㉘谨其所发：即善于『自用其才』。谨，慎重；所发，指表露出的言行。

晁错论① 苏轼

原文

天下之患，最不可为者，名为治平无事，而其实有不测之忧。坐观其变而不为之所，则恐至于不可救；起而强为之，则天下狃于治平之安，而不吾信。惟仁人君子，豪杰之士，为能出身为天下犯大难，以求成大功。④此固非勉强期月之间，而苟以求名者之所能也。⑤

天下治平，无故而发大难之端，吾发之，吾能收之，然后有辞于天下。⑥事至而循循焉欲去之，使他人任其责，则天下之祸，必集于我。⑦

昔者晁错尽忠为汉，谋弱山东之诸侯。⑧山东诸侯并起，以诛错为名；而天子不之察，以错为之说。⑨天下悲错之以忠而受祸，不知错有以取之也。⑩

古之立大事者，不惟有超世之才，亦必有坚忍不拔之志。昔禹之治水，凿龙门，决大河，而放之海。⑪方其功之未成也，盖亦有溃冒冲突可畏之患。⑫惟能前知其当然，事至不惧，而徐为之图，是以得至于成功。⑬

夫以七国之强而骤削之，其为变岂足怪哉！⑭错不于此时捐其身，为天下当大难之冲，而制吴、楚之命，乃为自全之计，欲使天子自将，而己居守。⑮且夫发七国之难者，谁乎？己欲求其名，安所逃其患！⑯以自将之至危，与居守之至安，己为难首，择其至安，而遗天子以其至危，此忠臣义士所以愤怨而不平者也。

当此之时，虽无袁盎，亦未免于祸。⑰何者？己欲居守，而使人主自将，以情而言，天子固已难之矣，而重违其议，是以袁盎之说，得行于其间。⑱使吴、楚反，错以身任其危，日夜淬砺，东向而待之，使不至于累其君，则天子将恃之以为无恐，虽有百盎，可得而间哉？⑲嗟夫！世之君子，欲求非常之功，则无务为自全之计。使错自将而讨吴、楚，未必无功。惟其欲自固其身，而天子不悦，奸臣得以乘其隙。⑳错之所以自全者，乃其所以自祸欤！㉑

注释

①晁错：西汉时的政治家、改革家。②所：处置、排解。③狙（jū）……习惯。治平：指社会秩序安定。④犯大难（nán）……冒大险，抵御大灾难。⑤期（jī）……月：一整月。期，满，比喻时间短。苟以求名……苟且求取名声。苟，苟且，轻率。⑥无故……突然间。发大难之端……即引发大难。端，开头。⑦循循焉……迟疑不决，无所作为的样子。去……离开。⑧弱……削弱。山东……古代的地区名。战国、秦、汉时代，崤山或华山以东被通称为山东。山东之诸侯：指汉初分封于山东地区的同宗诸王。吴楚七国即是。⑨不之察……即"不察之"。意为不仔细考察这件事。为之说：为"削藩"事开脱。说，解说，辩解。⑩有以取之……取之有因。以，因由，原因。⑪龙门：即禹门口，在今山西河津西北。这里黄河两岸峭壁对峙，形似门，据传为大禹所开。大河：指黄河。古文中"大河"一般指黄河。⑫溃冒：指大水冲决堤防。冲突：大水猛烈奔腾冲激。⑬当然：一定会出现的情况。徐：从容镇定。图：图谋，谋划。⑭七国：指当时的七个封国，即吴、楚、赵、胶东、胶西、淄川、济南。削之：指削减其封地。⑮捐：舍弃。大难之冲：指大祸乱的冲击。制：控制，掌控。自全：保

选自《东坡全集》卷四十三

古文观止
卷十一 宋文二

五四〇

喜雨亭记

苏轼

原文

亭以雨名，志喜也。古者有喜，则以名物，示不忘也。周公得禾，以名其书；①汉武得鼎，以名其年；②叔孙胜敌，以名其子。③其喜之大小不齐，其示不忘一也。

予至扶风之明年，始治官舍，④为亭于堂之北，而凿池其南，引流种树，以为休息之所。是岁之春，雨麦于岐山之阳，其占为有年。⑤既而弥月不雨，民方以为忧。⑥越三月，乙卯乃雨，甲子又雨，民以为未足。⑦丁卯大雨，三日乃止。⑧官吏相与庆于庭，商贾相与歌于市，农夫相与忭于野。忧者以喜，病者以愈，而吾亭适成。⑨

全自己：自将：亲自领兵。居守：留守京师。⑯发七国之难：引发七国叛乱的灾祸。名：指忠于朝廷的好名声。逃其患：逃避七国叛乱的灾祸。⑰袁盎：西汉大臣。⑱人主：指皇帝。以情而言：按常情推测讲。难之：指难这样做。重(zhòng)：深，甚。⑲使：假使，假如。危：指危险的重任。淬(cuì)砺：指磨炼兵器，训练军队。淬，即蘸火，古代制造刀剑等钢铁器物一种工艺。将烧红的器物浸入水中，迅速冷却，来增强坚刀剑等的坚韧度。砺，在石上把刀剑磨锋利。东向：面向东。七国都在京城长安的东方。恃(shì)：依靠。间(jiàn)：离间。⑳乘其隙(xì)：趁机钻空子。隙，缝隙，裂缝。㉑所以自全者：用来自全的方法。自祸：自己祸害自己。

于是举酒于亭上，以属客而告之，曰：「五日不雨，可乎？曰：五日不雨，则无麦。十日不雨，可乎？曰：十日不雨，则无禾。无麦无禾，岁且荐饥，狱讼繁兴，而盗贼滋炽，则吾与二三子虽欲优游以乐于此亭，其可得耶？今天不遗斯民，始旱，而赐之以雨，使吾与二三子得相与优游而乐于此亭者，皆雨之赐也！其又可忘耶？」

既以名亭，又从而歌之曰：「使天而雨珠，寒者不得以为襦；使天而雨玉，饥者不得以为粟。一雨三日，伊谁之力？民曰：「太守。」太守不有，归之天子。天子曰：「不然。」归之造物。造物不自以为功，归之太空。太空冥冥，不可得而名，吾以名吾亭。」

选自《经进东坡文集事略》卷四十八

注释

①名：命名。志：记，记录。②周公：西周初年政治家。周文王的儿子，周武王的弟弟。曾辅助武王灭商，建立西周王朝。武王死后，成王年幼，由他主政。当时成王的弟弟唐叔得到一种「异禾」，异株同穗，认为是祥瑞之物，于是把它献给成王。成王让他转送给周公，周公于是写了一篇文章，就叫《嘉禾》。禾：谷子。书：指文章。③汉武：汉武帝刘彻，西汉皇帝。公元前116年，他在汾水上得一鼎，认为是祥瑞之物，于是改年号为「元鼎」。年：指纪年的年号。④叔孙：春秋时鲁国大夫，曾率军击败入侵的北狄，俘获北狄国君侨如。为了表彰他的功绩，于是命其子宣伯名侨如。⑤扶风：旧郡名，即唐宋时的凤翔府，治所在今陕西凤翔。治：修缮，修理。官舍：指自己居住的官配房舍。⑥雨麦：应当是龙卷风将麦子带入空中造成的现象，古时迷信，认为是天意。雨（yù），像雨一样落下。岐山：在凤翔府治所东北。阳：古代称山之南

古文觀止 卷十一 宋文二

凌虛臺記

苏轼

原文

国于南山之下，宜若起居饮食与山接也。①四方之山，莫高于终南，而都邑之丽山者，莫近于扶风。②以至近求最高，其势必得。而太守之居，未尝知有山焉。③虽非事之所以损益，而物理有不当然者。④此凌虚之所为筑也。

方其未筑也，太守陈公，杖履逍遥于其下；⑤见山之出于林木之上者，累累如人之旅行于墙外，而见其

为阳。占…占卜。有年…年成好，庄稼丰收。⑦弥月…满月，整月。弥，满。方以为忧…正以此为忧。⑧越三月…过了三月份。乙卯…乙卯日，即四月初二。乃雨…才下雨。乃，才。甲子…四月十一日。丁卯…四月十四日。⑨商贾（gǔ）…古代对商人的统称。贾指坐商，商指行商。忭（biàn）…欢乐，快乐。以…因此。愈…病好。适…正好，恰好。⑩属（zhǔ）客…劝客人喝酒。属，倾注，这里引申为酌酒劝饮。⑪荐饥…连年饥荒。荐，通『洊』，连续，一次又一次。⑫属（zhǔ）客…劝客人喝酒。滋滋生，增多。炽（chì）…这里指势力强盛、猖獗。二三子…对各位客人的尊称。优游…从容悠闲。其…同『岂』。⑬襦（rú）…这里泛指棉衣。粟（sù）…谷子，去壳的叫小米。⑭伊…句首助词。太守…本为汉代郡的最高长官，宋时常用来称知州或知府。有…拥有，占有。造物…造物主，指上天，天帝。太空…极大极高的天空。冥（míng）冥…渺茫无极。

所为筑也。

国于南山之下，应当好像起居饮食都与山相接。四方的山，没有比终南山更高的，而城市中靠近山的，没有比扶风更近的。以最近的地方寻求最高的山，其势必能得到。而太守的居所，却不曾知道有山。虽然不是事情的损益所在，但事物的道理有不应当如此的。这就是凌虚台所以修筑的原因。

当它还没有修筑的时候，太守陈公，拄着拐杖穿着鞋子在其下逍遥漫步；见到山从林木之上显出来，累累如人在墙外旅行，而见其

古文观止 卷十一 宋文二

髻也。⑥曰:"是必有异。"使工凿其前为方池,以其土筑台,高出于屋之檐而止。然后人之至于其上者,恍然不知台之高,而以为山之踊跃奋迅而出也。公曰:"是宜名凌虚。"以告其从事苏轼,而求文以为记。⑦

轼复于公曰:"物之废兴成毁,不可得而知也。昔者荒草野田,霜露之所蒙翳,狐虺之所窜伏,方是时,岂知有凌虚台耶?废兴成毁,相寻于无穷,则台之复为荒草野田,皆不可知也。⑧尝试与公登台而望,⑨其东则秦穆之祈年、橐泉也,其南则汉武之长杨、五柞,而其北则隋之仁寿,唐之九成也。⑩计其一时之盛,宏杰诡丽,坚固而不可动者,岂特百倍于台而已哉?⑪然而数世之后,欲求其仿佛,而破瓦颓垣,无复存者。既已化为禾黍荆棘丘墟陇亩矣,而况于此台欤?⑫夫台犹不足恃以长久,而况于人事之得丧,忽往而忽来者欤!而或者欲以夸世而自足,则过矣。⑬盖世有足恃者,而不在乎台之存亡也。"

既以言于公,退而为之记。

选自《东坡全集》卷三十五

注释

①国:指城市。这里指凤翔府城。南山:即下文所说的终南山。秦岭山峰之一,在今陕西西安南,又泛称秦岭、秦山。宜:应该,理所当然。接:紧密相连,密不可分。②四方:指凤翔府周围。都邑:泛指城市。大城叫都,小城叫邑。丽:依附。扶风:指凤翔府,治所在今陕西凤翔县。③太守:指当时凤翔府知府陈希亮(字公弼)。④事:人事。损益:减损与增益。物理:事物的常理。不当然:不应该这样。这两句意思是山的存在虽然不会因人事而增加或减损,而太守住在山边却不知道有山,按事物的常理,是不应该这

超然台记

苏轼

原文

凡物皆有可观。苟有可观，皆有可乐，非必怪奇伟丽者也。餔糟啜醨，皆可以醉。果蔬草木，皆可以饱。推此类也，吾安往而不乐？

夫所为求福而辞祸者，以福可喜，而祸可悲也。人之所欲无穷，而物之可以足吾欲者有尽。美恶之辨战于中，而去取之择交乎前，则可乐者常少，而可悲者常多。②是谓求祸而辞福。夫求祸而辞福，岂人之情也哉？物有以盖之矣！③彼游于物之内，而不游于物之外。④物非有大小也，自其内而观之，未有不高且大者

⑤杖履：拄着拐杖，穿着鞋。履，鞋。逍遥：徘徊消遣，优游自得的样子。⑥累累：一个接一个的样子。旅行：列队而行。髻（jì）：挽束在头顶的头发。⑦从事：长官手下的僚属。作者当时任凤翔府签判，为知府的副手。⑧翳（yì）：意为遮蔽。虺（huǐ）：毒蛇，毒虫。⑨相寻：连续不断。⑩秦穆：秦穆公春秋时秦国国君。春秋五霸之一。祈年：宫名。秦孝公时又称橐泉宫。传说秦穆公的坟墓在其下。汉武：汉武帝刘彻，西汉皇帝。长杨：汉时的行宫名。因中有垂杨数亩而得名。五柞：汉时的行宫名。因有五柞树而得名。仁寿：仁寿宫，隋文帝十三年建。唐太宗贞观五年重修，为避暑之处，改名九成宫。⑪宏杰：宏伟特出。诡丽：奇诡壮丽。特：只，仅，不过。⑫仿佛：指大致的轮廓。颓垣（yuán）：倒塌的墙。墟：土堆。陇：同『垄』，田埂。⑬夸世而自足：夸耀于世而自获内心的满足。

古文觀止 卷十一 宋文二

⑤彼挟其高大以临我，则我常眩乱反复，如隙中之观斗，又乌知胜负之所在？⑥是以美恶横生，而忧乐出焉，可不大哀乎！⑦

予自钱塘移守胶西，释舟楫之安，而服车马之劳；⑧去雕墙之美，而庇采椽之居；⑨背湖山之观，而行桑麻之野。⑩始至之日，岁比不登，盗贼满野，狱讼充斥，而斋厨索然，日食杞菊。⑪人固疑予之不乐也。处之期年，而貌加丰，发之白者，日以反黑。⑫予既乐其风俗之淳，而其吏民亦安予之拙也。⑬于是治其园囿，洁其庭宇，伐安邱、高密之木，以修补破败，为苟完之计。⑭而园之北，因城以为台者旧矣，稍葺而新之。⑮时相与登览，放意肆志焉。⑯

南望马耳、常山，出没隐见，若近若远，庶几有隐君子乎？⑰而其东则卢山，秦人卢敖之所从遁也。⑱西望穆陵，隐然如城郭，师尚父、齐桓公之遗烈，犹有存者。⑲北俯潍水，慨然太息，思淮阴之功，而吊其不终。⑳台高而安，深而明，夏凉而冬温。㉑雨雪之朝，风月之夕，予未尝不在，客未尝不从。撷园蔬，取池鱼，酿秫酒，瀹脱粟而食之。曰：『乐哉游乎！』㉒

㉓且名其台曰超然，以见予之无所往而不乐者，盖游于物之外也。

予弟子由，适在济南，闻而赋之；㉔

选自《东坡全集》卷三十六

注释

①餔（bǔ）：吃。糟：酒糟，酒渣。啜（chuò）：喝。醨（lí）：指薄酒。②美恶之辨战于中：心中存在着辨别美恶的斗争。去取之择交乎前：眼前交织着取和舍的选择。去，舍弃。③物有以盖之矣：意思是说这是由于被外部事物蒙蔽了。盖，掩盖，遮蔽。④游于物之内：意思是说思想活动于事物的本身，认识被其

本身所局限。物之外：指事物存在的外部环境。⑤物非有大小也：意为事物没有大和小的区别。源自庄子齐是非、齐物我、齐彼此、齐寿夭、齐大小的相对主义观念。按这种观念，秋毫为大，泰山为小，因为有比秋毫更小的东西，有比泰山更大的东西。自其内而观之：意思是说只从它们本身去观察它们。⑥挟（xié）：倚仗。眩乱：头昏目眩。反复：患得患失。乌：何，怎么。⑦美恶横生：美好的感受与丑恶的感受纷杂产生。⑧钱塘：县名，当时杭州治所在此。移守：移地任太守（知州）。胶西：指山东胶河以西地区。这里指密州，治所在今山东诸城。⑨释舟楫（jí）之安：放弃乘船的安适。释，舍弃，放弃。楫，船桨。服车马之劳：承受乘车骑马的劳顿。服，承担，承受。⑩去雕墙之美：离开建筑华美的宅第。这里指杭州官舍。去，离去。庇，遮蔽，覆盖。雕墙，雕饰华丽的墙壁，指豪华建筑物。庇（bì）采椽（chuán）之居：栖身于简陋质朴的房舍。这里指密州官舍。采椽，采（柞木）做的椽子。传说尧做君主时，居住简朴，『茅茨不剪，采椽不斫』。⑪背湖山之观：离开湖光山色的美丽景象。背，离。观，景色。这里指密州辖境特色。⑫岁比不登：庄稼连年没有收成。岁，一年的农事收成。比，屡屡，连连。登，收获，完成。狱讼充斥：充满，众多。斋厨：即厨房。索然：冷落，空尽。杞（qǐ）菊：泛指野菜。杞，枸杞。⑬处：居住期。⑭（三）年：一周年。丰：丰满，胖。日以反黑：一天天恢复黑色。日，一天天地。反，同『返』，回归。⑭淳（chún）：朴实敦厚。安予之拙：意思是说习惯我为政的粗疏简易。拙，笨拙，自谦词。⑮治其园圃（yòu）：修建州衙的园林。治，修建。其，指知州官署。囿，种植蔬菜或畜养禽兽的园子。洁其庭宇：整理清扫州衙的庭院房舍。安邱、高密：均为县名，当时属密州管辖，在州治之北。为苟完之计：作了大致完备

古文观止 卷十一 宋文二 五四七

古文觀止 卷十一 宋文二

京江送別圖 明·沈周

此圖畫送友人赴任時的情景。圖中山峰崢嶸逶迤，層巒疊翠；江面寬闊平靜，遠望無邊無際；近岸楊柳垂絲，更為友人惜別憑添不舍之情。此幅畫面結構嚴謹，用筆蒼勁沉著，風格樸厚勁健。（圖為局部）。

的規劃。苟，粗略、草率。⑯因：依傍。葺（qì）：修整、修理。新……使……新。⑰時……時……：不時。相與：共同。指與賓客、僚屬等。登覽：登臺遠眺。放意肆志：放縱心志，盡情歡娛。⑱馬耳、常山：均為山名，在今山東諸城南。相傳秦漢間清高之士多在此隱居。出沒隱見：時出時沒，時隱時現。見，同『現』。庶幾：或許，大概。隱君子：隱居不仕的高士。⑲盧山：在今山東諸城東。盧敖：秦朝博士，秦始皇命令他為他求得仙藥，最後失敗，於是逃到盧山隱居起來。遁：隱。⑳穆陵：關名，今山東諸城西北，在春秋齊國南部邊境，號稱『天險』。隱然：隱隱約約。師尚父：即太公望，俗稱姜子牙。西周初年官太師，尊稱師尚父。齊桓公：春秋初年齊國國君，春秋五霸之首。遺烈：流傳後世的業績。㉑俯：俯視。濰水：今濰河，發源於山東箕屋山，流經諸城，北入渤海。太息：嘆息。淮陰之功：漢高祖四年，韓信（後封淮陰侯）奉命伐齊，楚派大將龍且率兵二十萬來救，在濰水兩岸被韓信擊破。吊其不終：傷悼韓信未能善終。韓信後來被告謀反，為劉邦和呂后殺害。㉒安：牢固安穩。深：縱深，深廣。夏涼而冬溫：指臺上建的房屋。㉓擷（xié）：采摘。疏：同『蔬』。秫（shú）：黏高粱，多

放鹤亭记

苏轼

原文

熙宁十年秋，彭城大水。云龙山人张君之草堂，水及其半扉。①明年春，水落，迁于故居之东，东山之麓。③升高而望，得异境焉，作亭于其上。彭城之山，冈岭四合，隐然如大环，独缺其西一面，而山人之亭，适当其缺。春夏之交，草木际天，秋冬雪月，千里一色。④风雨晦明之间，俯仰百变。⑤山人有二鹤，甚驯而善飞，旦则望西山之缺而放焉，纵其所如，或立于陂田，或翔于云表，暮则傃东山而归，故名之曰放鹤亭。⑥

郡守苏轼，时从宾佐僚吏，往见山人，饮酒于斯亭而乐之。⑦挹山人而告之，曰：『子知隐居之乐乎？虽南面之君，未可与易也。⑧《易》曰："鸣鹤在阴，其子和之。"』⑨《诗》曰："鹤鸣于九皋，声闻于天。"』⑩盖其为物清远闲放，超然于尘埃之外，故《易》、《诗》人以比贤人君子。⑪隐德之士，狎而玩之，宜若有益而无损者；然卫懿公好鹤，则亡其国。⑫周公作《酒诰》，卫武公作《抑》戒，以为荒惑败乱，无若酒者；⑬而刘伶、阮籍之徒，以此全其真而名后世。⑭嗟夫！南面之君，虽清远闲放如鹤者，犹不得好，好

古文觀止 卷十一 宋文二

之则亡其国;而山林遁世之士,虽荒惑败乱如酒者,犹不能为害,而况于鹤乎!由此观之,其为乐未可以同日而语也。」山人欣然而笑曰:「有是哉!」乃作放鹤招鹤之歌曰:「鹤飞去兮,西山之缺,高翔而下览兮,择所适。翻然敛翼,宛将集兮,忽何所见,矫然而复击。独终日于涧谷之间兮,啄苍苔而履白石。」「鹤归来兮,东山之阴。其下有人兮,黄冠草履,葛衣而鼓琴。躬耕而食兮,其馀以汝饱。归来归来兮,西山不可以久留。」

选自《东坡全集》卷三十六

注释

① 熙宁十年:公元1077年。熙宁,宋神宗年号(1068~1077)。彭城大水:指黄河在徐州以北泛滥,洪水包围彭城四十五天。彭城,古县名,治所在今江苏徐州,当时的徐州治所亦在此。② 云龙:山名,在今江苏徐州南。山人:隐士。张君:指张师厚隐居云龙山,称云龙山人。扉(fēi):门扇。③ 明年:这里指宋神宗元丰元年(1078)。麓(lù):山脚。④ 际:到,接近。秋冬雪月:秋夜月色、冬天雪景。⑤ 晦(huì):昏暗。俯仰百变:俯视仰观,景色多变。⑥ 驯(xùn):顺服。纵其所如:任凭他到哪里去。纵,听任,任凭。如,往,到。陂(bēi):水边,池岸。云表:云上。傃(sù):向。⑦ 郡守:秦汉时,一郡的最高长官,汉景帝时改称太守。宋时,人们常以郡守或太守称知州或知府。从:带着,率领。宾佐僚吏:泛指宾客下属。佐,辅佐助理之官。⑧ 挹(yì):舀,汲取。这里指酌酒。把山人:向山人敬酒。南面之君:指帝王。古代帝王上朝,接见臣下,都是面向南而坐。易:交换。⑨《易》:《易经》,儒家经典之一。下面的引语见于《易经·中孚》,是《中孚》卦『九二』的爻辞,意思是说鹤在隐蔽的地方鸣叫,它的小鹤也会随

声应和。比喻贤人君子，言行不失去信用，虽然在幽隐处，而名声会在外显露，一定会得到同类的应和。

⑩《诗》：《诗经》，儒家经典之一。下面的引语见于《诗经·小雅·鹤鸣》。意思是说鹤在沼泽深处鸣叫，它的声音能一直传到天上。比喻贤人君子，虽隐而不仕，他的名声却能传到朝廷。九皋：沼泽纵深处。皋，沼泽。

⑪清远闲放：清高意远，闲适旷放。尘埃：尘世，闹市。

⑫隐德之士：道德高尚而隐居不仕的人。狎（xiá）：亲近，亲密交往。卫懿公好鹤：卫懿公喜欢鹤，有的鹤可以乘大夫才能乘的车。这年冬天，狄人讨伐卫国。到了要作战的时候，将士们都说，鹤享有禄位，应该让鹤去应战。结果卫军大败，卫国被灭了。

⑬周公：西周初政治家。周武王的弟弟。辅佐武王灭商，并辅佐成王，巩固和完善了西周的统治。《酒诰》：《尚书》篇名。相传为周公所作。卫武公：春秋时卫国国君。传说《诗经·大雅》中的《抑》为其所作，用于自我警戒。其中有言嗜酒败德之句。

⑭刘伶：魏晋人，『竹林七贤』之一，曾为建威参军。嗜酒，作《酒德颂》，宣扬老庄哲学，蔑视礼法。阮籍：三国魏文学家，思想家。『竹林七贤』之一，曾为步兵校尉，世称阮步兵。与当权的司马氏集团有矛盾，常用醉酒的办法，在险恶的政治环境中保全自己。全其真：保全自己的真性，不与邪恶势力同流合污。

⑮翻然：突然回飞的样子。

⑯涧：指两山之间的水流。谷：指两山之间的宛：宛如，好像。集：栖止。矫然：昂起的样子。击：上冲。

⑰阴：山的北面。黄冠：指道士戴的冠。履：鞋。葛衣：用葛布制成的衣服。鼓夹道或流水道。履：踩踏。

⑱躬耕：亲自耕种。躬，亲自。汝饱：让你吃饱。琴：弹琴。

古文觀止

卷十一 宋文二

石钟山记①

苏轼

原文

《水经》云：「彭蠡之口，有石钟山焉。」②郦元以为下临深潭，微风鼓浪，水石相搏，声如洪钟。③是说也，人常疑之。今以钟磬置水中，虽大风浪，不能鸣也，而况石乎？④至唐李渤始访其遗踪，得双石于潭上，扣而聆之，南声函胡，北音清越，桴止响腾，馀韵徐歇。⑤自以为得之矣。然是说也，余尤疑之。石之铿然有声者，所在皆是也，而此独以「钟」名，何哉？⑥

元丰七年，六月丁丑，余自齐安舟行适临汝。⑦而长子迈将赴饶之德兴尉，送之至湖口，因得观所谓石钟者。⑧寺僧使小童持斧，于乱石间择其一二扣之，硿硿然。⑨余固笑而不信也。至其夜月明，独与迈乘小舟，至绝壁下。大石侧立千尺，如猛兽奇鬼，森然欲搏人。⑩而山上栖鹘，闻人声亦惊起，磔磔云霄间；⑪又有若老人欬且笑于山谷中者，或曰此鹳鹤也。⑫余方心动欲还，而大声发于水上，噌吰如钟鼓不绝。⑬舟人大恐。徐而察之，则山下皆石穴罅，不知其浅深，微波入焉，涵澹澎湃而为此也。⑭舟回至两山间，将入港口，有大石当中流，可坐百人，空中而多窍，与风水相吞吐，有窾坎镗鞳之声，与向之噌吰者相应，如乐作焉。⑮因笑谓迈曰：「汝识之乎？噌吰者，周景王之『无射』也，窾坎镗鞳者，魏庄子之『歌钟』也。⑯古之人不余欺也。」

事不目见耳闻，而臆断其有无，可乎？⑰郦元之所见闻，殆与余同，而言之不详。⑱士大夫终不肯以小舟夜泊绝壁之下，故莫能知。⑲而渔工水师，虽知而不能言，此世所以不传也！⑳而陋者乃以斧斤考击而求之，

自以为得其实。㉑余是以记之，盖叹郦元之简，而笑李渤之陋也。

选自《经进东坡文集事略》卷四十九

注释

① 石钟山：在今江西湖口。② 《水经》：我国古代记述河道水系的专著。彭蠡（lǐ）之口：彭蠡泽通长江的水口。彭蠡，古泽薮名，西汉以后，逐渐扩展成今鄱阳湖。③ 郦元（？~527）：即郦道元，北魏著名地理学家，范阳涿县（今河北涿州）人。撰《水经注》四十卷，内容极其丰富，为富有文学性的地理巨著。但是下面引用的四句，是今本《水经注》所没有的。洪钟：巨钟。洪，大。④ 钟磬（qìng）：钟、磬分别为古代的两种打击乐器。磬，形似伏兽，腹空，用美石或玉雕制而成，悬于架上，敲击发声。⑤ 李渤：唐时洛阳人，曾寻访石钟山，写有《辨石钟山记》。聆（líng）：听。函胡：浑厚低沉。清越：清脆激扬。枹（fú）：鼓槌。腾：升腾、飘荡。馀韵徐歇：馀声慢慢消失。歇，消失，消散。⑥ 铿（kēng）然：声音响亮和谐的样子。所在皆是也：意思是有石头的地方都能找到这种石头。独以『钟』名：唯用『钟』来命名。⑦ 元丰七年：指公元1084年。元丰，宋神宗年号（1078~1085）。六月丁丑：指阴历六月丁丑日（即初九）。齐安：南齐时所置郡，县名，隋时郡改称黄州，县改称黄冈，即今湖北黄州。适：往。临汝：旧县名，当时汝州治所，即今河南汝州。⑧ 长子迈：苏轼的大儿子苏迈。德兴：苏轼将赴饶之德兴尉，将赴饶州德兴县任县尉。赴，赴任。饶，饶州，治所在今江西鄱阳。德兴，旧县名，今江西德兴。尉，县尉，负责一县的治安。湖口：县名，在今江西。⑨ 硿（kōng）：象声词，用斧敲击内空石头发出的声音。⑩ 侧立：倾斜着站。森然：阴森可怕的样子。欲搏人：好像要搏击来人。⑪ 鹘（hú）：一种猛禽。磔（zhé）磔：象声词，形

古文觀止　卷十一　宋文二　五五三

古文觀止 卷十一 宋文二

潮州韓文公廟碑①

苏轼

原文

匹夫而为百世师，一言而为天下法。② 是皆有以参天地之化，关盛衰之运。③ 其生也，有自来，其逝也，有所为。④ 故申、吕自岳降，傅说为列星。⑤ 古今所传，不可诬也。⑥ 孟子曰：『我善养吾浩然之气。』⑦ 是气也，寓于寻常之中，而塞乎天地之间，卒然遇之，则王公失其贵，晋楚失其富，良、平失其智，贲、育失其

---

① 潮州韩文公庙碑
② 容鹘的鸣叫声。
⑫ 鹳（guān）……鹳：一种大型涉禽，外形像鹤，又像鹭，飞翔轻快，常在水边活动，晚上就睡在树上。⑬ 心动……指心中惊恐不安。噌吰（zēnghóng）……象声词，形容钟声。⑭ 舟人……指船夫。罅（xià）……缝隙。涵澹澎湃……水波激荡汹涌。⑮ 两山……指两座石钟山。港口……鄱阳湖通长江之口。中流……指水流中央。
窾（kuǎn）坎镗（tāng）鞳（tà）……都是象声词。向……先前，刚才。⑯ 周景王之『无射（yì）』……周景王的无射钟。周景王，东周君主。根据历史记载，周景王二十四年（前521）铸成大钟无射。魏庄子……魏绛，谥号庄子，春秋时晋国大夫。歌钟……奏乐用的钟，即编钟，由多枚大小或厚薄不同的铜钟组成。根据历史记载，晋悼公十一年（前562），郑国献给晋国两套编钟，晋悼公赐了一套给魏绛。不余欺……即『不欺余』。⑰ 臆断……胸，引申为内心，主观。⑱ 殆（dài）……大概，或许。⑲ 士大夫……泛指读书做官的人。泊（bó）……停船。⑳ 渔工……渔夫，打鱼的。水师……船夫，以使船为生的人。㉑ 陋（lòu）者……指见识浅陋的人。斧斤……斧头。纵刃称斧，横刃称斤。考……敲。

勇，仪，秦失其辩。⑧是孰使之然哉？其必有不依形而立，不恃力而行，不待生而存，不随死而亡者矣。⑨故在天为星辰，在地为河岳，幽则为鬼神，而明则复为人。⑩此理之常，无足怪者。

自东汉以来，道丧文弊，异端并起，历唐贞观、开元之盛，辅以房、杜、姚、宋而不能救。⑪独韩文公起布衣，谈笑而麾之，天下靡然从公，复归于正。⑫盖三百年于此矣。文起八代之衰，而道济天下之溺，忠犯人主之怒，而勇夺三军之帅，此岂非参天地，关盛衰，浩然而独存者乎？⑬

盖尝论天人之辨，以谓人无所不至，惟天不容伪。⑭智可以欺王公，不可以欺豚鱼；⑮力可以得天下，不可以得匹夫匹妇之心。⑯

故公之精诚，能开衡山之云，而不能回宪宗之惑；⑯能驯鳄鱼之暴，而不能弭皇甫镈、李逢吉之谤；⑰能信于南海之民，庙食百世，而不能使其身一日安于朝廷之上。⑱盖公之所能者，天也，其所不能者，人也！⑲

始潮人未知学，公命进士赵德为之师。⑳自是潮之士，皆笃于文行，延及齐民，至于今，号称易治。㉑信乎孔子之言：『君子学道则爱人，小人学道则易使也。』㉒潮人之事公也，饮食必祭，水旱疾疫，凡有求，必祷焉。㉓而庙在刺史公堂之后，民以出入为艰。前太守欲请诸朝，作新庙，不果。㉔凡所以养士治民者，一以公为师。民既悦服，则出令曰：愿新公庙者听。㉕民欢趋之，卜地于州城之南七里，期年而庙成。㉖

或曰：『公去国万里，而谪于潮，不能一岁而归。没而有知，其不眷恋于潮也审矣。』㉗轼曰：『不然，公之神在天下者，如水之在地中，无所往而不在也；而潮人独信之深，思之至，焄蒿凄怆，若或见之。譬如凿井得泉，而曰水专在是，岂理也哉！』元丰七年，诏封公昌黎伯，故榜曰：『昌黎伯韩文公之庙。』㉘

㉙潮人请书其事于石，因作诗以遗之，使歌以祀公。㉚其辞曰：

公昔骑龙白云乡，手抉云汉分天章，天孙为织云锦裳。㉛飘然乘风来帝旁，下与浊世扫秕糠。㉜西游咸池略扶桑，草木衣被昭回光。㉝追逐李杜参翱翔，汗流籍湜走且僵，灭没倒影不能望。㉞作书诋佛讥君王，要观南海窥衡湘，历舜九嶷吊英皇。㉟祝融先驱海若藏，约束蛟鳄如驱羊。钓天无人帝悲伤，讴吟下招遣巫阳。㊱爆牲鸡卜羞我觞，於餐荔丹与蕉黄。㊲公不少留我涕滂，翩然被发下大荒！㊳

选自《经进东坡文集事略》卷五十五

注释

① 潮州：今属广东。韩文公：韩愈死后谥号"文"，世称韩文公。② 匹夫：古代指平民男子。百世师：各代师表，指圣人。百世，百代，形容时间长久。一言：一句话。法：法则，行动准则。③ 参天地之化：与天地并列为三，共同化育万物。参，同"三"，用作动词。关盛衰之运：关系到国家命运的盛衰。④ 有自来：有其一定来历。逝：逝世。有所为：有所表现。⑤ 申、吕自岳降：申伯、吕侯自山岳降神而生。申伯，周宣王时名臣。吕侯，又称甫侯，周穆王时名臣。傅说（yuè）为列星：傅说死后升天，与众星并列。傅说，商王武丁的名臣。⑥ 不可诬：不能认为是谎言。诬，不实之词，即谎言。⑦ 孟子：战国时期思想家，儒家学派的主要传人。下面引语出自《孟子·公孙丑上》。浩然之气：博大刚正的精神气概。⑧ 卒（cù）然：突然。卒，同"猝"。王公失其贵：意思是说相比下君王公侯的尊贵也显得渺小。晋楚：晋国和楚国。春秋时两个富强的诸侯国。良、平：分别指张良、陈平，西汉开国功臣，刘邦的重要谋臣，以足智多谋著称。贲（bēn）、育：分别指孟贲、夏育，战国时著名勇士。仪、秦：张仪、苏秦，战国时政治活动家，著名辩士。⑨ "其必有"四句：在回答上述气的作用中，说明气的特点。

恃（shì）：依靠。⑩『故在天为星辰』四句：说明气的不同表现形态。幽：幽冥之处，即古代所谓的阴间。明：指人世间，即古代所说的阳间。⑪异端：春秋战国时，不同于儒家学派的道家、墨家等学派被称为『异端』，这里指汉、魏、六朝兴盛的佛、老之学。贞观：唐太宗年号（627～649）。开元：唐玄宗年号（713～741）。房、杜：房玄龄、杜如晦，唐太宗时名相。姚、宋：姚崇、宋璟，唐玄宗时名相。⑫布衣：代指平民。麾（huī）：同『挥』，指挥，倡导。靡（mǐ）然：倾倒的样子。靡，倒。道：指韩愈所宣扬的儒道。济：拯救，救助。溺：沉没。这里指天下人沉溺于佛老学说。忠犯人主之怒：元和十四年（819），唐宪宗令使者迎佛骨入京，由宫中到诸寺，大肆供奉，铺张浪费，劳民伤财。韩愈上表反对，言辞激切，触怒宪宗，将其贬为潮州刺史。勇夺三军之帅：唐穆宗时，镇州军队发生兵变，杀原来将帅，另立新帅，欲叛朝廷。韩愈奉命前往宣抚，朝廷上下都为他担心。而愈有勇有谋，恩威并用，平息了这场叛乱。夺，指夺其气，使其恐惧丧胆。三军，泛指军队。⑭天人之辨：天道与人事的区别。人无所不至：意指小人争权夺利，为达到自己的目的，不择手段。天不容伪：天道无私，不会容忍欺诈不道的行为。⑮豚（tún）鱼：指无知无识、天真的低级动物。豚，小猪。⑯开衡山之云：唐顺宗永贞元年（805）秋，韩愈路过衡山，往谒衡岳庙，当时秋雨连绵，阴云密布。韩愈潜心默祷，顷刻之间，云雾消散天放晴。宪宗之惑：指唐宪宗迎佛骨这件事。唐宪宗，唐朝皇帝，公元805年至820年在位。⑰驯鳄鱼之暴：元和十四年（819），韩愈左迁潮州刺史，听说当地恶溪鳄鱼为暴，危及人民生命财产，于是作《祭鳄鱼文》，令其迁徙入海，鳄鱼果然立即迁出了潮州。驯（xùn），驯服。弭（mǐ）、皇甫镈（bó）、

古文观止　卷十一　宋文二　五五七

古文觀止 卷十一 宋文二

李逢吉之謗：制止皇甫鎛、李逢吉對自己的誹謗。彈，消除，制止。皇甫鎛，唐憲宗時官至宰相，嫉賢妒能，曾在憲宗前詆毀韓愈。李逢吉，唐憲宗、唐穆宗時官至宰相，為人猜忌奸詐，多次陷害忠良。⑱信：取信。南海：這里指潮州。庙食：被立廟祭祀。「不能使其身」句：經常受到奸邪小人的誣陷迫害，或被排擠在外，或在朝任職也不得安生。⑲「蓋公之所能」四句：意思是韓愈所能做到的只是順應天道辦事，但他無法應付小人不擇手段的奸詐行為。⑳未知學：指不學儒家學說。趙德：當地一位儒家信徒，通經能文，排斥佛老。韓愈推荐他主管州學。㉑篤于文行：在文章與品行方面有深厚修養。篤，深厚。齊民：平民百姓。㉒「孔子之言」引自《論語·陽貨》。道：指儒道。易使：易于驅使。果：實現，成為事實。㉓刺史公堂：指知州辦公廳堂。宋代的知州相當于唐代的刺史。太守：漢代郡長官，這里指知州。㉔元祐五年：指公元1090年。元祐，宋哲宗年號（1086〜1094）。朝散郎：表示品位、俸禄等級的官階之一。王君涤：姓王名涤，「君」是敬稱。事跡不詳。守是邦：意思是擔任潮州的行政長官。邦，指古代諸侯封國，這里指州。㉕新公廟：為韓愈建新廟。新，動詞。聽：聽任。㉖卜地：用占卜的方法選擇地點。期年：一周年。㉗去：離開。國：指唐代都城長安。沒：通「殁」，死亡。審：明白，確實。㉘爨（cuàn）：祭祀時香烟蒸騰繚繞的樣子。爨，香氣。蒿，气蒸騰的樣子。凄愴（chuàng）：悲傷。㉙元豐七年：指公元1084年。元豐，宋神宗年號（1078〜1085）。伯：爵位名，為五等爵的第三等。榜：匾額。㉚石：指碑。遺（wèi）：贈送。㉛白雲乡：白雲飄浮處，指天國。挾（jiē）：挑選。雲漢：銀河，天河。分天章：分取天上的文采。天孫：即織女星。雲錦裳：雲錦做的衣裳。㉜來帝旁：來自天帝身旁。與，為，替。濁世：污

浊的人世。秕糠：秕谷与谷皮，比喻异端邪道与浮华的骈体文。㉝咸池：古代神话中的地名。略：巡行。扶桑：神话中树名。西游咸池略扶桑，意思是说韩愈奔走四方，宣扬儒道。草木衣被：即『衣被草木』，意为加惠万物。昭回：光辉回转普照。㉞李杜：指李白和杜甫。参：参与，一起。籍：张籍，唐代诗人，韩愈的朋友。湜（shí）：皇甫湜，唐代散文家，韩愈的朋友和学生。汗流籍湜，即『籍湜汗流』。走：这里是跟着跑的意思。且：将，将要。僵：跌倒。灭没倒影不能望：意思是说张籍、皇甫湜等像倒影在水中消失，难以望见韩愈如日月般的光辉。㉟作书诋（dǐ）佛：指写《论佛骨表》。诋，诋毁，非议。要观南海窥（kuī）衡湘：指韩愈因遭贬而南游。窥，观看。衡湘，衡山湘江，在今湖南，为韩愈赴潮州时途经之地。舜：传说上古五帝之一。九嶷（yí）：山名，又名苍梧，在今湖南宁远南。相传为舜死后葬在这里。㊱祝融：南海之神。海若：也是海神。这句意为，皇：女英、娥皇，相传是尧的两个女儿，同嫁舜为妃。大海不再兴风作浪，制造灾害。㊲钧天：天的中央，是天帝住的地方。无人：意思是没有人才。讴吟下招遣巫阳：意思是说派遣巫阳讴吟招魂曲下招韩愈的魂归天。巫阳，传说为天帝身边的巫师，善于占卜招魂。㊳爆（bó）：一种大牛，背高像骆驼。牲：祭祀用的整体家畜。爆牲，即把爆作为祭品。於（wū）：叹词。荔丹：红骨占卜，卜祭祀的吉日。羞：进献。觞（shāng）：古代一种用来盛酒的器皿。㊴涕滂：涕泪滂沱。滂沱，形容泪下如雨。翩然被发下大荒色荔枝。蕉黄：黄色香蕉。意思是说韩愈的灵魂飘然离开人间。被，同『披』。大荒，神话中的山名。

古文觀止　卷十一 宋文二　五五九

古文觀止

卷十一 宋文二

乞校正陆贽奏议进御札子①

苏轼

原文

臣等猥以空疏，备员讲读。②圣明天纵，学问日新。③臣等才有限而道无穷，心欲言而口不逮，以此自愧，莫知所为。④

窃谓人臣之纳忠，譬如医者之用药，⑤药虽进于医手，方多传于古人，若已经效于世间，不必皆从于己出。⑥

伏见唐宰相陆贽，才本王佐，学为帝师，⑦论深切于事情，言不离于道德。⑧智如子房，而文则过，辨如贾谊，而术不疏。⑨上以格君心之非，下以通天下之志。⑩但其不幸，仕不遇时。⑪德宗以苛刻为能，而贽谏之以忠厚；德宗以猜忌为术，而贽劝之以推诚；德宗好用兵，而贽以消兵为先，德宗好聚财，而贽以散财为急。⑫至于用人听言之法，治边御将之方，罪己以收人心，改过以应天道，去小人以除民患，惜名器以待有功，如此之流，未易悉数。⑬可谓进苦口之药石，针害身之膏肓。⑭使德宗尽用其言，则贞观可得而复。⑮

臣等每退自西阁，即私相告：以陛下圣明，必喜贽议论。⑯但使圣贤之相契，即如臣主之同时。⑰昔冯唐论颇、牧之贤，则汉文为之太息；⑱魏相条晁、董之对，则孝宣以致中兴。⑲若陛下能自得师，则莫若近取诸赞。夫六经三史、诸子百家，非无可观，皆足为治。⑳但圣言幽远，末学支离，譬如山海之崇深，难以一二而推择。㉑如赞之论，开卷了然。聚古今之精英，实治乱之龟鉴。㉒臣等欲取其奏议，稍加校正，缮写进呈。㉓愿陛下置之坐隅，如见赞面；反复熟读，如与赞言。㉔必能发圣性之高明，成治功于岁月。㉕臣等不胜区区

选自《东坡全集》卷六十四

之意，取进止。㉖

注释

①陆贽（754~805）：字敬舆，唐苏州嘉兴（今属浙江）人。唐德宗时曾任翰林学士，参与中央政务，后官至中书侍郎、同门下平章事（即宰相）。不久，因受奸臣逸害，贬死于忠州（今属重庆）。卒谥『宣』，世称陆宣公。他所作的奏议，见解精辟，切中时弊，为后世所重。奏议：古代的一种应用文体，是臣下进呈君主言事议政的文章。进御：进呈皇上。札子：奏议的一种，宋代始盛行这种名目。②猥以空疏：意思是说因才学空疏而玷辱职守。猥（wěi），谦词，有玷辱、不配的意思。备员：人员职位上充数。这里是自谦之词。讲读：侍讲学士、侍读学士以及侍讲、侍读的合称。职责是讲论经史，备皇帝顾问。③圣明天纵：天赋予圣明。谀美帝王之词。④道无穷：意思是说圣贤所述道德学问无穷无尽，极为深广。口不逮：这是说言语无法表达出来。逮（dài），及，到。⑤窃：自谦词，意为私下。纳忠：敬献忠言。⑥效于世间：在世上行之有效。已出：本人独创。⑦伏：谦敬词，用于下对上。王佐：帝王的辅佐。⑧论：医者：医生。⑨子房：指张良，子房是他的字。文：指文才，写作才能。辨：辨析是非得失。贾谊：西汉文学家，政论家。术：方法。疏：空疏，不具体，不切实。⑩格：纠正。通天下之志：通达天下人的心愿，即深明天下的人心向背。⑪仕：做官。不遇：没有碰上好时候。这里特指没有遇上好的君主。⑫德宗：指唐德宗李适（kuò）。术：这里指用人方法。聚财：聚敛钱财于朝廷。散财：散财于下于民。⑬治边：整治边疆防务。御将：驾驭使用将领。罪己：意思是说朝政有失、国家有难，皇帝主动

古文观止

卷十一 宋文二

五六一

古文觀止 卷十一 宋文二

归罪于自己。罪，归罪。改过以应天道：改正自己的错误来顺应天道。小人：这里指奸邪害民的官吏。名器：古时代表统治者的等级、地位的官爵名号和车服仪制。待有功：意思是要等待有功的人才赏赐，不滥施奖赏。⑭苦口之药石：喻『逆耳之忠言』。石，砭（biān）石，即石针，一种古老的医疗工具。针：针刺，治疗。膏肓（huāng）：古代医家指心脏与隔膜之间，认为是药力达不到的地方。这里指最深重的疾病。⑮贞观：唐太宗年号（627～649）。史称『贞观之治』。⑯西阁：宋朝皇帝听讲的地方。陛（bì）下：臣下尊称皇帝。⑰但：只要。圣：指当今皇上。贤：指过去的贤人。契（qì）：投合。⑱冯唐：西汉人，汉文帝时任中郎署长，车骑都尉。景帝时任楚相。正直敢言，精通用将之道。颇、牧：指廉颇、李牧，战国时赵国良将，善于用兵，护卫国家功勋卓著。冯唐曾在文帝前称道他们，文帝听了很感动，感叹自己没有廉颇、李牧这样的将领来抵御匈奴入侵。太息：叹息。⑲魏相：西汉大臣，宣帝时官至丞相，封高平侯。条：分条陈述，指向皇帝分条陈述意见。晁：指晁错。董：董仲舒（前179～前104），西汉著名儒家学者。对：对策，应对诏命而议论政事的一种文体。孝宣：即汉宣帝，谥号『孝』。⑳六经：指《易》、《书》、《诗》、《礼》、《乐》、《春秋》。三史：指《史记》、《汉书》、《后汉书》。㉑圣言：指六经之言。末学：指诸子与三史等著作的思想内容。支离：散乱。㉒精英：指思想精华。治乱之龟鉴：认识治乱规律的工具。龟，龟甲，古代用龟甲占卜来判断吉凶。鉴，古代一种形似大盆的器皿，古人常用来它来盛水照影，后来有了铜镜，也称鉴。龟鉴，喻指认识事物的工具。㉓校（jiào）正：查对纠正文字传抄中的错误。缮（shàn）写：抄写。㉔坐：同『座』。隅（yú）：角落。㉕发…

前赤壁赋① 苏轼

原文

壬戌之秋，七月既望，苏子与客，泛舟游于赤壁之下。②清风徐来，水波不兴。举酒属客，诵明月之诗，歌窈窕之章。③少焉，月出于东山之上，徘徊于斗牛之间。④白露横江，水光接天。纵一苇之所如，凌万顷之茫然。⑤浩浩乎，如冯虚御风，而不知其所止；飘飘乎，如遗世独立，羽化而登仙。⑥

于是饮酒乐甚，扣舷而歌之。⑧歌曰：『桂棹兮兰桨，击空明兮溯流光。渺渺兮予怀，望美人兮天一方。』⑨客有吹洞箫者，倚歌而和之。⑩其声呜呜然，如怨、如慕、如泣、如诉，馀音袅袅，不绝如缕。⑪舞幽壑之潜蛟，泣孤舟之嫠妇。⑫

苏子愀然，正襟危坐，而问客曰：『何为其然也？』⑬客曰：『「月明星稀，乌鹊南飞」，此非曹孟德之诗乎？⑭西望夏口，东望武昌，山川相缪，郁乎苍苍，此非孟德之困于周郎者乎？⑮方其破荆州、下江陵，顺流而东也，舳舻千里，旌旗蔽空，酾酒临江，横槊赋诗，固一世之雄也，而今安在哉？⑯况吾与子，渔樵于江渚之上，侣鱼虾而友麋鹿。驾一叶之扁舟，举匏樽以相属。⑰寄蜉蝣于天地，渺沧海之一粟。⑱哀吾生之须臾，羡长江之无穷。挟飞仙以遨游，抱明月而长终。知不可乎骤得，托遗响于悲风。⑲

苏子曰：『客亦知夫水与月乎？逝者如斯，而未尝往也；盈虚者如彼，而卒莫消长也。⑳盖将自其变者而观之，则天地曾不能以一瞬，自其不变者而观之，则物与我皆无尽也，而又何羡乎？㉑且夫天地之间，物各有主，苟非吾之所有，虽一毫而莫取。惟江上之清风，与山间之明月，耳得之而为声，目遇之而成色，取之无禁，用之不竭，是造物者之无尽藏也，而吾与子之所共适。』㉒

客喜而笑，洗盏更酌。肴核既尽，杯盘狼藉。相与枕藉乎舟中，不知东方之既白。㉓

选自《经进东坡文集事略》卷一

注释

①赤壁：东汉末赤壁之战的发生地，在今湖北嘉鱼。作者所游的，是黄州赤壁，又叫赤鼻矶，在今湖北黄州。②壬戌（xū）：壬戌年，指宋神宗元丰五年（1082）。望：农历每月十五。既望：指农历每月十六。既，已经过了。苏子：苏轼自称。泛舟：浮舟，乘舟任意漂流。③属（zhǔ）：倾注。这里引申为劝酒。明月之诗：指曹操的《短歌行》，其中有『明明如月，何时可掇』和『月明星稀，乌鹊南飞』的句子。窈窕（yǎotiǎo）之章：指《诗经·国风·周南》的《关雎》篇第一章，其中有『窈窕淑女，君子好逑』的句子。④少焉：不多时。焉，语助词。徘徊：似动不动的样子。斗牛：二星宿名。斗，南斗星；牛，牵牛星。⑤纵：放纵，任凭。一苇：一片苇叶，喻指小船。如：往。凌：凌驾，渡越。万顷：指宽阔的江面。冯虚御风：在空中乘风而行。冯，同『凭』。虚，指天空。御，驾御。御风，乘风。⑥浩浩乎：浩荡而无拘无束的样子。⑦飘飘乎：飞动的样子。遗世独立：脱离句意为，任凭小船在茫茫无边的大江上自由行驶。

人世而独自存在。羽化：过去道教称成仙飞升为羽化。登仙：升入仙境。⑧扣舷：敲击船舷，即打拍子。舷(xián)，船身的边沿。⑨桂棹、兰桨：划船工具的美称。空明：指月光照射下澄明的江水。溯(sù)：指逆流而上。流光：闪烁着月光的流水。渺渺：悠远的样子。怀：情怀，思绪。美人：作者所思慕的人。⑩客：指一起游玩的客人杨世昌，绵竹道士，擅长吹箫。洞箫：古代指无底的排箫，后世指竹制单管直吹者，简称『箫』。⑪呜呜然：声音低沉的样子。袅袅(niǎo)：形容声音婉转悠长。缕：细线。⑫舞(hè)：使……起舞。幽壑：深涧。蛟：古代传说中龙一类的动物。泣：使……哭泣。嫠(三)妇：寡妇。⑬愀(qiǎo)然：形容神色变得凄怆。正襟危坐：整理使之端正。危坐：端正严肃地坐着。何为：为什么。然：这样。⑭曹孟德(155～220)：曹操，字孟德。⑮夏口：古城名，在今湖北武汉黄鹤山上。武昌：旧县名。今湖北鄂州。缪：通『缭』，盘绕，缭绕。郁：形容树木茂密。苍苍：深青浓绿。困于周郎者：指赤壁之战的地方。周瑜初任建威中郎将时，年仅二十四岁，吴人呼为『周郎』。⑯破荆州、下江陵：建安十三年七月，曹操率军南征，荆州刺史刘表死，他的儿子刘琮带领众人向曹操投降，曹军不战而占领荆州、江陵。荆州，当时管辖今湖北、湖南一带广大地区，治所在今湖北襄樊。下，攻下，攻占。江陵，今属湖北，当时为军事要地。舳舻(zhú lú)：本指长方形的大船。这里指大战船。酾(shī)酒：斟酒。槊(shuò)：古代一种兵器，即长矛。⑰渔樵：指打鱼和砍柴。渔，打鱼，动词。樵，砍柴。江渚(zhǔ)：江中小洲。侣鱼虾友麋(三)鹿：同麋鹿做朋友。侣、友，动词。舟：小船。匏(páo)樽：用匏做的饮器。匏，葫芦的一种。⑱蜉蝣(fú yóu)：一种朝生暮死的能飞的小昆虫，只能活几小时。喻人短暂的生命。

古文观止 卷十一 宋文二

后赤壁赋

苏轼

原文

是岁十月之望，步自雪堂，将归于临皋。①二客从予过黄泥之坂。②霜露既降，木叶尽脱，人影在地，仰见明月，顾而乐之，行歌相答。③已而叹曰："有客无酒，有酒无肴，月白风清，如此良夜何！"④客曰："今者薄暮，举网得鱼，巨口细鳞，状如松江之鲈。顾安所得酒乎？"⑤归而谋诸妇。妇曰："我有斗酒，藏之久矣，以待子不时之

---

⑲须臾(yú)：片刻，形容时间极短。挟(xié)：夹持。这里引申为相携。长终：长久而后终，即永生。骤得：轻易得到。

⑳逝者如斯：语出《论语·子罕》。意为像江水这样不断流走消失啊。斯，这，指江水。往：流走，消失。盈虚者如彼：即如彼而盈虚者，像月亮那样有圆有缺的。彼，指月亮。卒：终究，最终。消长：指消失和增长。

㉑自其变者而观之：从变的角度来观察事物。曾不能以一瞬：从不会有片刻的停止不变。一瞬，一眨眼，形容时间短。

㉒造物者：即造物主，指万能的上天。无尽藏(zàng)：佛家语，即无穷尽的宝藏。适：舒适，畅快。

㉓盏(zhǎn)：浅而小的杯子。更酌(zhuó)：再度斟酒。肴(yáo)：荤菜。核：水果。狼藉(jí)：像群狗践踏过草地一样散乱。藉，践踏。相与枕藉(jí)：相互枕压着睡觉。藉，垫。既白：已白。既，已经。

五六六

需。」⑥于是携酒与鱼，复游于赤壁之下。江流有声，断岸千尺；⑦山高月小，水落石出。曾日月之几何，而江山不可复识矣。⑧予乃摄衣而上，履巉岩，披蒙茸，踞虎豹，登虬龙，攀栖鹘之危巢，俯冯夷之幽宫。⑨盖二客不能从焉。划然长啸，草木震动，山鸣谷应，风起水涌。⑩予亦悄然而悲，肃然而恐，凛乎其不可留也。⑪反而登舟，放乎中流，听其所止而休焉。⑫时夜将半，四顾寂寥。适有孤鹤，横江东来。翅如车轮，玄裳缟衣，戛然长鸣，掠予舟而西也。⑬

须臾客去，予亦就睡，梦一道士，羽衣蹁跹，过临皋之下，揖予而言曰：「赤壁之游乐乎？」问其姓名，俯而不答。「呜呼！噫嘻！我知之矣。畴昔之夜，飞鸣而过我者，非子也耶？」⑭道士顾笑，予亦惊寤。⑯开户视之，不见其处。

选自《经进东坡文集事略》卷一

注释

① 是岁：这一年。承《前赤壁赋》开头『壬戌』而言。望：农历每月十五。雪堂：苏轼在黄州东坡建造的农庄别墅。堂在大雪天建成，四壁都绘满雪景，故称雪堂。临皋：即临皋亭，为官府水路驿站，在黄州南长江边。苏轼被贬为黄州团练副使时，一开始住在定惠院，后迁到这里。② 黄泥之坂（bǎn）：即黄泥坂，为一段山坡，在黄州城东，从临皋到雪堂的必经之地。坂，山坡。③ 顾：视。指俯仰环顾周围景物。行歌相答：边走边唱，互相酬答。④ 已而：过了一会儿。肴（yáo）：本指荤菜，这里泛指下酒菜。如此良夜何：意为面对这么好的夜晚，怎么度过呢？⑤ 薄（bó）：暮：傍晚。薄，迫近，接近。松江：即吴淞江，经苏州等地流入黄浦江。鲈：一种鱼，可食用，非常美味。顾：但是。安所：哪里，什么地方。⑥ 谋：谋求，商

古文觀止 卷十一 宋文二

量。诸：「之于」的合音。妇：指他的妻子（王闰之）。斗：古代一种用来盛酒的器皿。子：古代对男子的敬称。不时：随时，不定时。⑦断岸：崖岸陡峭，像斩截了一样，故称断岸。千尺：形容非常高。⑧曾日月之几何：从上次游后才经过不长时间。曾，经。日月，指时间。江山不可复识：指自然景色变化太大，都认不出赤壁原先的样子了。⑨摄衣：撩起衣襟。上：舍舟登岸。履巉（chán）岩：踏上峻峭的山崖。履，踩，踏。披蒙茸（róng）：披开杂乱丛生的野草。蒙茸，蓬松散乱的样子。踞：倚靠。虎豹：大石头，形如虎豹。虬（qiú）龙：指枝干盘曲横卧形似虬龙的老树。虬，古代传说中一种龙。鹘（hú）：又称隼（sǔn），一种猛禽。危：高。俯：俯视。冯夷：神话传说中水神名。幽宫：水下深宫。⑩划然：形容声音尖锐而激越。长啸：撮口发出长而清越的声音。⑪悄然：忧伤的样子。肃然：严肃紧张的样子。凛乎：凄冷可畏的样子。⑫反：同「返」。放：纵舟。中流：指江水中央。听（tīng）：听凭，任凭。⑬玄：黑色。裳（cháng）：指下身的衣服。缟（gǎo）：白色。衣：指上身的衣服。玄裳缟衣，指鹤的尾部黑色，身体白色。戛（jiá）然：象声词，形容鸟尖而嘹亮的叫声。⑭须臾（yú）：片刻。客去：指主客登岸，客人离去。羽衣：本指鸟羽制的衣服，后专指道士服装。蹁跹（piánxiān）：飘飘然如舞的样子。揖：拱手为礼。⑮呜呼、噫嘻：均为感叹词，畴（chóu）昔之夜：昨天晚上。畴，语助词，无实义。飞鸣而过我者：即上文「孤鹤」。非子也耶：不是你吗？子，对道士的敬称。也，助词，用以调节语气。⑯顾笑：只是笑。顾，但，只是。寤（wù）：指睡醒。

方山子传

苏轼

原文

方山子，光、黄间隐人也。①少时慕朱家、郭解为人，闾里之侠皆宗之。②稍壮，折节读书，欲以此驰骋当世，然终不遇。③晚乃遁于光、黄间曰岐亭，庵居蔬食，不与世相闻。④弃车马，毁冠服，徒步往来。⑤山中人莫识也，见其所著帽方耸而高，曰：「此岂古方山冠之遗象乎？」因谓之方山子。⑥

余谪居于黄，过岐亭，适见焉，曰：「呜呼！此吾故人陈慥季常也，何为而在此？」方山子亦矍然问余所以至此者。余告之故。俯而不答，仰而笑，呼余宿其家。环堵萧然，而妻子奴婢，皆有自得之意。⑧

余既耸然异之。⑨独念方山子少时使酒好剑，用财如粪土。前十九年，余在岐山，见方山子从两骑挟二矢游西山。鹊起于前，使骑逐而射之，不获；方山子怒马独出，一发得之。⑩因与余马上论用兵及古今成败，自谓一时豪士。今几日耳，精悍之色，犹见于眉间，而岂山中之人哉？⑪

然方山子世有勋阀，当得官，使从事于其间，今已显闻。⑫而其家在洛阳，园宅壮丽与公侯等。河北有田，岁得帛千匹，亦足以富乐。⑭皆弃不取，独来穷山中，此岂无得而然哉？⑮

余闻光、黄间多异人，往往佯狂垢污，不可得而见，方山子傥见之欤？⑰

选自《苏东坡集》卷三十三

注释

① 光：光州，治所在今河南潢川。黄：黄州，今属湖北。隐人：指隐居不仕的人。② 朱家、郭解：西汉

溪山真赏图 明·金润

此图册为金润杰作。图中画大山突兀，溪流杂树，小桥人家。山水树石，或浓或淡，或勾或点，有清淡秀逸之感（图为局部）。

时两位著名游侠，慷慨助人，急人所难。同里：乡里。宗：尊崇，推崇。③折节：改变平日的志趣。驰骋当世：在当世奋发图强，干一番事业。不遇：没有得到被重用的机会。④遁：隐居。岐亭：古代镇名，在今湖北麻城西南。庵：小草屋。世：这里指官场和繁华之地。⑤冠服：这里指读书人的常用衣帽。⑥著：古"着"字。方笄：方形笄起。方山冠：汉朝祭祀时乐工戴的帽子。唐宋时隐士常戴这种帽子。⑦谪居：因罪贬谪迁居。适：恰好，正好。故人：旧友，老朋友。陈慥(zào)：苏轼密友。十九年前，其父陈希亮任凤翔府知府，苏轼为凤翔府签判，二人结为密友。矍(jué)然：吃惊注视的样子。⑧环堵：指室内。堵，墙壁。萧然：空寂冷落的样子。自得：自满自足。⑨笄然：吃惊的样子。异：奇怪。⑩使酒：纵酒，酗酒，饮酒无度。⑪前十九年：指宋仁宗嘉祐八年（1063）。岐山：在今陕西凤翔东。从两骑：后随两骑手。⑫怒马：激怒其马，使马振奋。怒，使……振奋。⑬今几日耳：意思是说从那时到现在，好像才过去几天。精悍之色：精明勇武的神色。山中之人：指隐士。⑭世有勋阀：世代有功勋门第。这里指其父陈希亮官至太常少卿，死后赠工部侍郎。从事于其间：指在官场钻

六国论

苏辙

作者简介

苏辙（1039~1112），北宋著名散文家。字子由，晚号颍滨遗老。眉州眉山（今属四川）人。与父亲苏洵、兄长苏轼并称『三苏』，同入『唐宋八大家』之列。宋仁宗嘉祐二年（1057），与其兄苏轼同中进士。后因对王安石变法有不同意见，屡次遭贬谪。哲宗元祐年间（1086~1093），旧派执政，历任右司谏、户部侍郎、尚书右丞、门下侍郎（副相）等职。哲宗主政后，政局再变，又遭重贬，一直到晚年都很不得志。死后追谥『文定』，人称苏文定公。有《栾城集》传世。

原文

尝读六国世家，窃怪天下之诸侯，以五倍之地，十倍之众，发愤西向，以攻山西千里之秦，而不免于灭亡。常为之深思远虑，以为必有可以自安之计。盖未尝不咎其当时之士，虑患之疏，而见利之浅，且不知天下之势也。②

夫秦之所与诸侯争天下者，不在齐、楚、燕、赵也，而在韩、魏之郊；诸侯之所与秦争天下者，不在

古文觀止 卷十一 宋文二

齐、楚、燕、赵也，而在韩、魏之野。③秦之有韩、魏，譬如人之有腹心之疾也。韩、魏塞秦之冲，而蔽山东之诸侯，故夫天下之所重者，莫如韩、魏也。④昔者范雎用于秦而收韩，商鞅用于秦而收魏。⑤昭王未得韩、魏之心而出兵以攻齐之刚、寿，而范雎以为忧。⑥然则秦之所忌者，可见矣。秦之用兵于燕、赵，秦之危事也。越韩过魏，而攻人之国都，燕、赵拒之于前，而韩、魏乘之于后，此危道也。而秦之攻燕、赵，未尝有韩、魏之忧，则韩、魏之附秦故也。夫韩、魏诸侯之障，而使秦人得出入于其间，此岂知天下之势邪？委区区之韩、魏，以当强虎狼之秦，彼安得不折而入于秦哉！⑦韩、魏折而入于秦，然后秦人得通其兵于东诸侯，而使天下遍受其祸。夫韩、魏不能独当秦，而天下之诸侯，藉之以蔽其西，故莫如厚韩亲魏以摈秦。秦人不敢逾韩、魏以窥齐、楚、燕、赵之国，而齐、楚、燕、赵之国，因得以自完于其间矣。⑧以四无事之国，佐当寇之韩、魏，使韩、魏无东顾之忧，而为天下出身以当秦兵。⑨以二国委秦，而四国休息于内以阴助其急。⑩若此，可以应夫无穷，彼秦者将何为哉！⑪不知出此，而乃贪疆场尺寸之利，背盟败约，以自相屠灭。⑫秦兵未出，而天下诸侯已自困矣。至于秦人得伺其隙，以取其国，可不悲哉！⑬

选自《栾城集·应诏集》卷一

注释

① 六国：战国七雄中除秦之外的六个诸侯国，即韩、魏、楚、赵、燕、齐。世家：司马迁著《史记》所创体例中记事的一种，主要记述世袭诸侯国的事迹。天下之诸侯：指六国。五倍、十倍：对秦而言。山

②西：崤山与华山以西。②咎（jiù）：责怪。士：指六国的谋士。疏：粗疏，不周密。天下之势：指六国与秦争天下的战略形势。③韩、魏之郊：韩、魏两国国境。在今山西中南部、河南中部与北部地区，位于秦、赵、齐、楚之间。野：与『郊』同义，均指国境、国土。④冲：指交通要道。蔽：遮蔽，掩护。山东之诸侯：指楚、赵、燕、齐。山东，古代指崤山与华山以东地区。⑤范雎（jū）：战国时魏国人，因受迫害，化名张禄到了秦国，游说秦昭王，提出远交近攻、歼灭敌国主力的政策，建议先取韩国，实行了两次变法，奠定韩国，使之依附于秦。商鞅：战国时卫国人，又称卫鞅。后入秦，为秦孝公重用，实行了两次变法，奠定了秦国富强的基础。多次谋划攻魏，战功卓著。因功封于商（今陕西商县东南），号商君，因称商鞅。孝公死后，被秦贵族诬害，车裂而死。⑥昭王：即秦昭襄王，战国时秦国国君。刚：在今山东兖州北。⑦委：抛弃，丢弃。区区：形容微小。折：屈从。入于秦：意为归附秦国。⑧厚韩亲魏：亲近厚待韩魏。摈：摈斥，拒斥。⑨逾：越过。窥：窥伺，这里引申为偷袭，袭击。完：保全。⑩无事：指没有外患。佐：助，辅助。寇：敌寇，指秦国。东顾之忧：顾忌东方邻国入侵的忧虑。出身而出，献出自身的力量。⑪委：对付。休息：休养生息，养精蓄锐。阴助：暗中帮助。阴，暗中，暗地。应夫无穷：应对任何事变。夫，语助词。⑫出此：拿出这种对策。疆场（yì）：指边境。背盟败约：背弃和破坏相互已经订立的盟约。⑬伺其隙（xì）：窥伺其缝隙，意思是说利用他们的矛盾与不和。取：夺取吞并。

古文观止

卷十一 宋文二

上枢密韩太尉书① 苏辙

【原文】

太尉执事：②辙生好为文，思之至深。以为文者，气之所形，然文不可以学而能，气可以养而致。③孟子曰：『我善养吾浩然之气。』④今观其文章，宽厚宏博，充乎天地之间，称其气之小大。⑤太史公行天下，周览四海名山大川，与燕、赵间豪俊交游，故其文疏荡，颇有奇气。⑥此二子者，岂尝执笔学为如此之文哉？其气充乎其中，而溢乎其貌，动乎其言，而见乎其文，而不自知也。⑦

辙生年十有九矣，其居家所与游者，不过其邻里乡党之人。⑧所见不过数百里之间，无高山大野可登览以自广。⑨百氏之书虽无所不读，然皆古人之陈迹，不足以激发其志气。⑩恐遂汨没，故决然舍去，求天下奇闻壮观，以知天地之广大。⑪过秦汉之故都，恣观终南、嵩、华之高，北顾黄河之奔流，慨然想见古之豪杰。⑫至京师，仰观天子宫阙之壮，与仓廪府库城池苑囿之富且大也，而后知天下之巨丽；⑬见翰林欧阳公，听其议论之宏辩，观其容貌之秀伟，与其门人贤士大夫游，而后知天下之文章聚乎此也。⑭太尉以才略冠天下，天下之所恃以无忧，四夷之所惮以不敢发，入则周公、召公，出则方叔、召虎，而辙也未之见焉。⑮

且夫人之学也，不志其大，虽多而何为？⑯辙之来也，于山见终南、嵩、华之高，于水见黄河之大且深，于人见欧阳公，而犹以为未见太尉也。故愿得观贤人之光耀，闻一言以自壮，然后可以尽天下之大观而无憾者矣。⑰

辙年少，未能通习吏事。向之来，非有取于斗升之禄，偶然得之，非其所乐。⑱然幸得赐归待选，使得

优游数年之间,将以益治其文,且学为政。⑳太尉苟以为可教而辱教之,又幸矣。㉑

选自《栾城集》卷二十二

注释

①枢密:即枢密院,当时的最高军事机关。韩太尉:即韩琦,相州安阳(今属河南)人,选任枢密使、宰相,为北宋重臣。太尉,官名,秦汉时设置,为军事首脑,这里借称枢密使。②执事:指身边的办事人员。借以为敬称,表示不敢直接冒犯,请左右转达。③文者,气之所形:文章是气所形成的。气,指精神气概,是人的内在的思想感情理想意志等的综合体现。文不可以学而能:意思是说文可以通过修养历练而达到最高的(修辞练字章法技法等)就能达到神化的境界。④孟子:战国时期儒家学派的代表人物。以下引语见于《孟子·公孙丑上》。浩然之气:博大充沛的刚正之气。⑤充乎天地之间:意思是说流传天下,为使人所共同景仰。⑥太史公:即司马迁。燕、赵间:指战国时燕、赵之地,在今河北、山西一带。疏荡:疏朗放纵,不受拘束。⑦充乎其中:充实于其内心。溢乎其貌:流露在其外表上。动乎其言:启动、支配其言语。见乎其文:表现在其文章中。见,同『现』。⑧邻里乡党:据古籍记载,周代以五家为邻,二十五家为里,五百家为党,一万二千五百家为乡。这里泛指家乡。⑨自广:开阔自己的心胸。⑩百氏之书:这里泛指古代的各家著述。⑪汩(gǔ)没:沉沦、埋没,没有什么成就。⑫秦汉之故都:秦朝都城咸阳,西汉都城长安,东汉都城洛阳。恣观:尽情观赏。终南:终南山,在长安南。嵩:嵩山,五岳中的中岳,在洛阳东南。华:华山,五岳中的西岳,在今陕西华阴南。⑬京师:京城,这里指北宋都城汴京(今河南开封)。宫阙:皇城宫殿。阙,宫殿前的望楼。仓廪(lǐn):指粮

古文觀止 卷十一 宋文二

黃州快哉亭記① 蘇轍

注釋：

⑥苑囿（yòu）：皇家園林。園內種植花木、畜養禽獸供皇家游樂。巨麗：指宏偉壯麗的建築物。⑭翰林歐陽公：指翰林學士歐陽修。門人：門生、弟子。這裡也包括與歐陽修交從甚密而官職比歐陽修低的文士，如梅堯臣、蘇舜欽等。聚乎此：指菁華薈萃在這裡。⑮才略：這裡指政治軍事上的才干謀略。恃（shì）：倚仗。四夷：指當時周邊懷有敵意的少數民族統治者。憚（dàn）：畏懼，害怕。發：發動入侵。⑯不志其大：不立志於高遠的目標。何為：即「為何」，能干什麼。⑰光耀：光輝的氣度風采。自壯：激勵自己。⑱吏事：官吏業務，官府辦事規程。⑲向之來：指不久前來京城應試。向，以前。取：同「趨」，向往。斗升之祿：指低級官吏的微薄俸祿。⑳賜歸：委婉謙敬之詞。意為向朝廷請求准許他暫時回家。職：待選，等待吏部選授官職。優游：形容從容悠閒。益：更，進一步。治：修治，鑽研。為政：處理政事。㉑苟：假如，假若。辱教：屈身教誨。辱，謙敬之詞。召（shào）公，出則方叔、召（shào）虎：意思是說韓琦才兼文武，在朝可為賢相，出征可為良將。入則周公、召公。大觀：雄偉壯麗的景象。這裡涵蓋自然景物、人工建築與社會人物。憾：缺憾、遺憾。

原文

江出西陵，始得平地，其流奔放肆大。②南合湘沅，北合漢沔，其勢益張。③至於赤壁之下，波流浸灌，與海相若。④清河張君夢得謫居齊安，即其廬之西南為亭，以覽觀江流之勝，而余兄子瞻名之曰「快哉」。⑤

盖亭之所见，南北百里，东西一舍。⑥涛澜汹涌，风云开阖。⑦昼则舟楫出没于其前，夜则鱼龙悲啸于其下。变化倏忽，动心骇目，不可久视。⑧今乃得玩之几席之上，举目而足。⑨西望武昌诸山，冈陵起伏，草木行列，烟消日出，渔夫樵父之舍，皆可指数，此其所以为快哉者也。⑩至于长洲之滨，故城之墟，曹孟德、孙仲谋之所睥睨，周瑜、陆逊之所驰骛，其流风遗迹，亦足以称快世俗。⑪

昔楚襄王从宋玉、景差于兰台之宫，有风飒然至者，王披襟当之，曰：『快哉此风！寡人所与庶人共者耶？』宋玉曰：『此独大王之雄风耳，庶人安得共之！』⑫玉之言盖有讽焉。夫风无雄雌之异，而人有遇不遇之变；⑬楚王之所以为乐，与庶人之所以为忧，此则人之变也，而风何与焉？士生于世，使其中不自得，将何往而非病？⑭使其中坦然，不以物伤性，将何适而非快？⑮今张君不以谪为患，收会稽之馀，而自放山水之间，其中宜有以过人者。⑯将蓬户瓮牖，无所不快；而况乎濯长江之清流，挹西山之白云，穷耳目之胜以自适也哉！⑰不然，连山绝壑，长林古木，振之以清风，照之以明月，此皆骚人思士之所以悲伤憔悴而不能胜者，乌睹其为快也！⑱

选自《栾城集》卷二十四

注释

①黄州：今属湖北。快哉亭：在城南。快哉，爽快、舒畅的意思。②江：指长江。西陵：西陵峡，在今湖北巴东至宜昌间。肆大：宽广，洪大。③湘沅：湘江、沅江，均在今湖南，向北流入洞庭湖，与长江相通。汉沔（miǎn）：汉水、沔水。古代通称汉水为沔水，或称汉水上游为沔水。发源于陕西南部，向东流入湖北，东南至武汉入长江。张：开阔。④赤壁：指今湖北黄州的赤鼻矶。浸灌：越发盛大。灌，义同

古文观止 卷十一 宋文二

『涣』。⑤清河⋯⋯在今河北。张君梦得⋯⋯即张怀民，苏氏兄弟的朋友。『君』是对他的敬称。齐安⋯⋯古郡名，即黄州。即⋯⋯就，靠近。庐⋯⋯住房。胜⋯⋯胜景，壮阔景色。⑥亭之所见⋯⋯人站在亭子上所能看到的范围。一舍⋯⋯为三十里。⑦开阖（hé）⋯⋯聚散变化。阖，闭。⑧楫（jí）⋯⋯泛指船桨。龙、鼍、鳄之类。⑨玩⋯⋯玩赏，观览。几⋯⋯一种矮小的桌子，可以放在席上，用于倚靠。举目而足⋯⋯抬眼就能一览无余。⑩武昌⋯⋯湖北鄂城（今鄂州）。行（háng）列⋯⋯成行成列。直排为行，横排为列。墟⋯⋯指宫殿废舍，住宅。指⋯⋯一一指点出来。⑪长洲⋯⋯指附近江中长条形洲渚。故城⋯⋯指孙权故都武昌。睥睨（bì nì）⋯⋯斜视，含轻视、鄙视意。这里意为互相争雄。周瑜⋯⋯东吴名将，赤壁之战时的吴军统帅。陆逊⋯⋯东吴名将。驰鹜（wù）⋯⋯驰骋，追逐。流风⋯⋯流传的精神气概。称快世俗⋯⋯为世人所称快。⑫楚襄王⋯⋯战国时楚国国君。宋玉⋯⋯楚国大夫，著名辞赋家。景差⋯⋯楚国大夫，辞赋家。兰台⋯⋯楚国宫苑，在今湖北钟祥。飒（sà）然⋯⋯清爽劲捷的样子。庶人⋯⋯指平民。⑬遇⋯⋯指在仕途上碰上了好机会，得到重用。⑭中⋯⋯内心。自得⋯⋯自足，自己使自己获得心理平衡。病⋯⋯心病，忧伤，愁苦。⑮物⋯⋯环境遭遇。性⋯⋯心性，心神。适⋯⋯往。⑯收会稽之余⋯⋯收取赋管理事务之余。会稽，同『会计』。放⋯⋯放任，纵情。宜⋯⋯理所当然，应当。过人者⋯⋯超过一般人的地方。⑰蓬户瓮牖（yǒu）⋯⋯汲取，这里引申为用眼睛摄取。西山⋯⋯在今湖北鄂州。穷⋯⋯尽。胜⋯⋯这里指视听之美。自适⋯⋯即自得，自求安适舒畅。⑱绝壑（hè）⋯⋯陡峭的山谷。绝，陡峭的。骚人⋯⋯不得志的文士。思士⋯⋯指忧虑时事的士人。不能胜⋯⋯经受不起。乌睹（dǔ）⋯⋯怎能看到。乌，何，怎么。为快⋯⋯产生快感。

书《洛阳名园记》后

李格非

作者简介

李格非，北宋文学家，著名女词人李清照之父。字文叔，北宋齐州历城（今山东济南）人。宋神宗熙宁九年（1076）进士。以文章受知于苏轼。历任郓州教授、太学博士、礼部员外郎，提点京东刑狱等职。徽宗即位后，新党又开始执政，他受排挤罢官。终年六十一岁。

原文

洛阳处天下之中，挟殽、黾之阻，当秦、陇之襟喉，而赵、魏之走集，盖四方必争之地也。①天下当无事则已，有事，则洛阳必先受兵。予故尝曰：『洛阳之盛衰，天下治乱之候也。』②

唐贞观、开元之间，公卿贵戚开馆列第于东都者，号千有馀邸。及其乱离，继以五季之酷，其池塘竹树，兵车蹂蹴，废而为丘墟；高亭大榭，烟火焚燎，化而为灰烬，与唐共灭而俱亡，无馀处矣。予故尝曰：『园囿之废兴，洛阳盛衰之候也。』④

且天下之治乱，候于洛阳之盛衰而知；洛阳之盛衰，候于园囿之废兴而得。则《名园记》之作，予岂徒然哉？⑤

呜呼！公卿大夫方进于朝，放乎一己之私，自为之，而忘天下之治忽，欲退享此，得乎？唐之末路是已。⑥

选自《洛阳名园记》卷末

古文观止 卷十一 宋文二

五岳祠盟记① 岳飞

注释

①天下：指全国。挟：依靠。殽（音yáo，又读xiáo）：山名，即殽山，在今河南西部。黾（miǎn）：古城名，在今河南渑池西。阻：险要之地。当：处于。秦：指今陕西中部地区。陇：在今陕西西部和甘肃东部一带。襟喉：咽喉，喻交通要冲。襟，古代指衣的交领。赵、魏：指战国时的赵国、魏国，在今河南、河北、山西一带。走集：奔走汇集之处。②事：指战争。兵：兵器，这里借指战祸。候：征候，表征，事物变化显露的迹象。③贞观：唐太宗年号（627～649）。开元：唐玄宗年号（713～741）。第：宅第，上等房屋。东都：指洛阳。邸（dǐ）：达官贵人的处所。这里用作量词。④五季：指唐之后的后梁、后唐、后晋、后汉、后周五个短命朝代。酷：指残酷的兵祸。蹂蹴（róucù）：蹂躏、践踏。榭（xiè）：指建在高台上的宽敞屋宇。园囿（yòu）：种花草树木养珍禽异兽供人游玩休息的园林。这里特指的是达官贵人的私家园林。⑤候：观察。徒然：偶然，没有目的，没有来由。⑥方进于朝：正在朝中任职。方，正，正在。放乎一己之私：放纵个人的私欲。自为之：为自己打算。治忽：治乱。退：退职后。唐之末路是已：只能是唐朝灭亡的下场罢了。是已，如此罢了。

作者简介

岳飞（1103～1141），字鹏举，相州汤阴（今属河南）人。祖上世代务农，家贫而好学，尤其喜欢《左氏春秋》及孙子、吴起兵法。生有神力，精于骑射。二十岁时从军报国，由于他文武全才，英勇善战，治军有方，在抗金战争中，迅速由低级军官成长为著名将领和军事家，战功卓著。曾任制置使、宣抚使、枢密副使等军事要职，先后因功加衔太尉、少保、开府仪同三司，封武昌郡开国侯、开国公。他力主抗金，光复中原，态度坚决，金人和投降派对他极为恐惧和嫉恨。金人挟持重要人质对南宋施压，一定要害死岳飞；赵构和秦桧出于一己私利和不可告人的目的，诬陷岳飞谋反，最终将他杀害。孝宗即位后，为岳飞平反，恢复原官职，以礼改葬，建庙于鄂，号『忠烈』。后谥『武穆』，又改谥『忠武』。宁宗嘉定四年（1211），追封鄂王。史称岳飞『文武全器，仁智并施』，史所罕见；『使飞得志，则金仇可复，宋耻可雪』。

原文

自中原板荡，夷狄交侵，余发愤河朔，起自相台。② 总发从军，历二百余战，虽未能远入夷荒，洗荡巢穴，亦且快国仇之万一。③ 今又提一旅孤军，振起宜兴，④ 建康之役，一鼓败虏，恨未能使匹马不回耳。⑤ 故且养兵休卒，蓄锐待敌。嗣当激厉士卒，功期再战，北逾沙漠，蹀血虏廷，尽屠夷种。⑦ 迎二圣归京阙，取故地上版图；朝廷无虞，主上奠枕，余之愿也。⑧

选自《金陀粹编》卷十九

注释

① 五岳祠：祭祀五岳（中岳嵩山、东岳泰山、西岳华山、南岳衡山、北岳恒山）之神的庙宇。盟：指在河朔岳飞题。

古文观止　卷十一　宋文二　五八一

古文觀止

卷十一 宋文二

戊午上高宗封事[1]

胡铨

② 板荡：动荡、丧乱。夷狄：古代对周边少数民族的蔑称。这里指辽、金，重点指金。交侵：交互入侵，即辽、金先后入侵。③ 河朔：指黄河以北地区。岳飞家乡相州汤阴在黄河北。朔，北方。相台：指相州。④ 总发：束发，指刚刚成年。古代男子年二十时束发行冠礼，以示成年。岳飞宣和四年（1122）从军，刚二十岁。夷荒：指金人所处的荒远地区。巢穴：指金国的统治中心。当时金国的都城在会宁（在今黑龙江阿城南）。快国仇之万一：因报了国仇的万分之一而稍稍感到快意。快，感到快意。⑤ 一旅：古代军队以五百人为一旅，这里泛指一支军队。孤军：指独立作战的部队。岳飞原为江淮宣抚使杜充下属，金人攻占建康后，杜充投降，岳飞独自率军阻击金兵，后移屯宜兴。宜兴：今属江苏，在建康东南。⑥ 一鼓败虏：一鼓作气，打败敌人。即迅速获胜。恨：遗憾。使匹马不回：意为使敌军全部被歼灭。⑦ 嗣（sì）：继，接着。功期再战：期待再战，建立更大功勋。⑧ 二圣：指被金人掳去的宋徽宗赵佶和宋钦宗赵桓。京阙（què）：指血房廷，意思是说杀到敌人的朝廷去。阙，皇宫前的一对标志性的高建筑物。故地：指被侵占的国家原有领土。版图：国家的户籍和地图。版，户籍，户口册。虞：忧虑，忧患。奠枕：安枕，安然生活。

作者简介

胡铨（1102~1180），字邦衡，号澹庵。宋吉州庐陵（今江西吉安）人。宋高宗建炎二年（1128）进

古文观止 卷十一 宋文二

士。金军南犯渡江时，他在赣州招募义兵，配合官军抗金。后任枢密院编修官。绍兴八年（1138），宋高宗赵构与秦桧决策降和，引金使南下，称『诏谕江南』。他上疏抗言，痛陈和议之弊，请斩秦桧等人。疏上，朝野震动，因此遭到当权的投降派嫉恨，连受打击，除名编管新州（治所在今广东新兴），后移谪吉阳军（今海南三亚）。孝宗即位，知饶州，迁秘书少监，兼国子祭酒，权兵部侍郎，官至工部侍郎、资政殿学士。终生反对投降讲和，力主收复失地，态度坚决。死后谥号忠简，有《澹庵文集》传世。

原文

绍兴八年十一月日，右通直郎枢密院编修官臣胡铨，谨斋沐裁书，昧死百拜献于皇帝陛下：②

臣谨按：③王伦本一狎邪小人，市井无赖，顷缘宰相无识，遂举以使虏。④专务诈诞，欺罔天听。⑤骤得美官，天下之人切齿唾骂。⑥今者无故诱致虏使，以诏谕江南为名，是欲臣妾我也，是欲刘豫我也。⑦刘豫臣事丑虏，南面称王，自以为子孙帝王万世不拔之业，一旦豺狼改虑，捽而缚之，父子为虏。⑧商鉴不远，而伦又欲陛下效之。⑨

夫天下者，祖宗之天下也；陛下所居之位，祖宗之位也。奈何以祖宗之天下为犬戎之天下，以祖宗之位为犬戎藩臣之位？陛下一屈膝，则祖宗庙社之灵，尽污于夷狄；祖宗数百年之赤子，尽为左衽；朝廷宰执，尽为陪臣；天下之士大夫，皆当裂冠毁冕，变为胡服。⑪异时豺狼无厌之求，安知不加我以无礼，如刘豫者哉？⑫

夫三尺童子，至无知也，指犬豕而使之拜，则怫然怒。⑬今丑虏，则犬豕也，堂堂天朝，相率而拜犬豕，曾童稚之所羞，而陛下忍为之邪？⑭

伦之议乃曰：「我一屈膝，则梓宫可还，太后可复，渊圣可归，中原可得。」呜呼！自变故以来，主和议者，谁不以此说啖陛下哉？而卒无一验，是虏之情伪，已可知矣。⑰而陛下尚不觉悟，竭民膏血而不恤，忘国大仇而不报，含垢忍耻，举天下而臣之，甘心焉。⑱就令虏决可和，尽如伦议，天下后世谓陛下何如主？⑲况丑虏变诈百出，而伦又以奸邪济之。梓宫决不可还，太后决不可复，渊圣决不可得。而此膝一屈，不可复伸，国势陵夷，不可复振。可为痛哭流涕长太息矣。⑳向者陛下间关海道，危如累卵，当时尚不肯北面臣虏；况今国势稍张，诸将尽锐，士卒思奋，只如顷者丑虏陆梁，伪豫入寇，固尝败之于襄阳，败之于淮上，败之于涡口，败之于淮阴，较之前日蹈海之危已万万矣。㉒倘不得已而遂至于用兵，则我岂遽出虏人下哉？㉓今无故而反臣之，欲屈万乘之尊，下穹庐之拜，三军之士不战而气已索。㉔此鲁仲连所以义不帝秦，非惜夫帝秦之虚名，惜天下大势有所不可也。㉕今内而百官，外而军民，万口一谈，皆欲食伦之肉。谤议汹汹，陛下不闻。㉖正恐一旦变作，祸且不测。㉗臣窃谓不斩王伦，国之存亡，未可知也。

虽然，伦不足道也。秦桧以腹心大臣，而亦为之。㉘陛下有尧舜之资，桧不能致陛下如唐虞，而欲导陛下如石晋。㉙近者礼部侍郎曾开等引古谊以折之，桧乃厉声曰：「侍郎知故事，我独不知！」㉚则桧之遂非狠愎，已自可见。㉛而乃建白，令台谏从臣佥议可否，是明畏天下议己，而令台谏从臣共分谤耳。㉜有识之士，皆以为朝廷无人。吁！可惜哉！孔子曰：「微管仲，吾其被发左衽矣。」㉝夫管仲，霸者之佐耳，尚能变左衽之区为衣冠之会。㉞秦桧，大国之相也，反驱衣冠之俗，归左衽之乡。㉟则桧也，不惟陛下之罪人，实管仲之罪人矣。

孙近附会桧议，遂得参知政事。天下望治，有如饥渴，而近伴食中书，漫不敢可否事。㊱桧曰『房可和』，近亦曰『可和』；桧曰『天子当拜』，近亦曰『当拜』。㊲臣尝至政事堂，三发问而近不答，㊳但曰：『已令台谏侍从议矣。』呜呼！参赞大臣，徒取充位如此，有如虏骑长驱，尚能折冲御侮耶？㊴臣窃谓：秦桧、孙近，亦可斩也。

臣备员枢属，义不与桧等共戴天。㊵区区之心，愿斩三人头，竿之藁街，然后羁留虏使，责以无礼，徐兴问罪之师，则三军之士不战而气自倍。㊶不然，臣有赴东海而死耳，宁能处小朝廷求活耶？㊷

小臣狂妄，冒渎天威，甘俟斧钺，不胜陨越之至！㊸

选自《胡澹庵先生文集》卷七

注释

①戊午：指戊午年，宋高宗绍兴八年。高宗：宋高宗赵构，南宋第一代皇帝，徽宗赵佶之子，钦宗赵桓之弟。即位后，施行妥协投降政策，长期宠用被金人收买的秦桧，迫害坚持抗金者，杀害抗金名将岳飞，甘当儿皇帝。封事：指古代用袋密封的奏章。②绍兴：宋高宗年号（1131～1162）。十一月日：十一月某日。通直郎：宋代文散官阶，从六品。枢密院：掌管全国军权的机构，又称枢府，长官为枢密使。编修官：负责草拟修订文书的官员。斋沐裁纸作书，以示恭敬虔诚。昧死：冒死。表敬畏。陛下：殿阶之下。转作臣下对皇帝的敬称。③谨按：谨慎地考察。常用于古代奏章的开头。④王伦：宋大名府莘县（今属山东）人。南宋初年，多次与金议和，与秦桧一起促成屈辱的和议。狙邪：放荡，行为不端正。顷：前不久。缘：因。虏：对金人的蔑称。⑤诈诞：虚假，不真实。欺罔：欺骗蒙蔽。天听：皇帝的听

古文觀止

卷十一 宋文二

⑥ 驟得美官：指紹興八年秋王倫升為端明殿學士（正三品）。⑦ 『今者』二句：紹興八年秋，王倫再次出使金國，金國國君設宴三日招待他，派蕭哲、張通古為『江南詔諭使』，隨他一起到南宋議事。臣妾我：把我當作臣妾。臣妾，這裡用作動詞。劉豫：以我為劉豫。劉豫，字彥游，宋景州阜城（今屬河北）人。建炎二年知濟南府，叛變向金國投降，建炎四年被立為傀儡皇帝，國號『大齊』。在位八年，多次配合金國攻打宋國，但均失敗，最終被金廢黜。⑧ 『一旦』三句：紹興七年（1137）金人恐劉豫兵眾難制，設計擒獲劉豫父子，囚于汴京金明池，後徙于臨潢（今內蒙古林西）。豺狼：指凶暴的金國統治者。改慮：改變主意。掉（zuó）：揪，抓。⑨ 商鑒不遠：《詩經·大雅·蕩》：『殷鑒不遠，在夏后之世。』意為不久前夏朝滅亡的教訓，可作為殷朝治理國家的鑒戒。商鑒，即殷鑒。後意為借鑒、鑒戒。這裡指劉豫被廢黜的教訓。⑩ 犬戎：古代西戎種族名，這裡指金人。藩臣：屬國的君主對宗主國皇帝稱『藩臣』。赤子：古代統治者對自己統治下的民眾的愛稱，含有居高臨下的意味。⑪ 夷狄：古代對周邊少數民族的蔑稱。這裡指金人。左衽：左開襟衣服。古代某些少數民族的服裝，前襟向左掩，不同於中原地區的右開襟。盡為左衽，意為盡被異族（金人）統治。宰執：執政大臣，宰相、副宰相之類。陪臣：臣下之臣。陪，重複。下面的大夫面見天子的自稱。冠：帽子的統稱。冕（miǎn）然：因發怒而臉色大變的樣子。怫，通『勃』。⑭ 丑虜：指金人。相率：相互一致。曾（zēng）：乃，竟然。⑮ 梓宮：皇帝的棺材。用梓木製作而成。宮，這裡指宋徽宗的靈柩。太后：指宋高宗生母韋賢妃。復：返，還。淵聖：指宋欽宗。中原：指

⑯啖（dàn）……拿东西给人吃，引申为引诱、利诱。⑰卒……终于，最终。情伪……真伪，实况、实情。⑱恤（xù）……体恤，救济。含垢……忍受污辱。臣……向人称臣。⑲何如主……怎样一个君主。含有遭唾骂的意思。⑳陵夷……丘陵逐渐变成平地，喻指由盛转衰。太息……深深叹息。㉑向者……不久前。间关海道……艰难地奔波在海上。臣虏……向金称臣。尽其锋锐的兵力。思奋……希望奋起抗金。陆梁……跳走的样子。引申为嚣张、跋扈。伪豫……指伪大齐皇帝刘豫。败之于襄阳……绍兴四年，岳飞大败伪齐大将李成军，收复襄阳六郡之地。㉒诸将……指岳飞、韩世忠等。尽锐……竭世忠在大仪镇（今江苏扬州西北）大破金兵，追之淮水上。败之于淮上……绍兴四年冬，韩军于涡口（涡水入淮处）南部一带。败之于淮阴……绍兴六年，韩世忠守淮阴（在今江苏）一带，屡败金齐联军。万万……意思是说强过万万倍。㉓用兵……指再对金开战。遽……急，骤然。㉔万乘（shèng）……指皇帝。下穹庐之拜……即下拜于穹庐。穹庐，古代游牧民族居住的毡帐，这里借指金国朝廷。㉕鲁仲连……战国时齐人，善于谋划，常周游各国，排难解纷。秦曾围赵都邯郸，让魏国劝赵国尊秦为帝。鲁仲连正好在赵国，见了魏国使者辛垣衍，陈述了尊秦为帝的害处，说服了魏国的使者。义不帝秦……坚持正义不尊秦为帝。㉖谤议……批评指责的言论。汹汹……猛烈，高涨。㉗正恐……只恐。变作……变乱兴起，发生。㉘秦桧（ˈㄏㄨㄟˋ）……江宁（今南京）人。南宋投降派主要代表人物。腹心大臣……指皇帝最为亲信的大臣。㉙尧舜之资……像尧舜那样的资质。尧、舜，传说上古时代的两位圣君，后世把他们当作帝王的典范。资，资质，天资，致……使，助。唐虞……即尧、舜。尧，国号陶唐；舜，国号有虞。石晋……即五代时的后晋。㉚礼部侍郎……礼部的副长官。曾开……宋河南府（今洛阳）人。因反对秦桧屈辱求和，被免职在家

闲居十多年。古谊：古人说的道理。谊，同「义」。折：反驳。故事：典故，旧例。㉛遂非：坚持错误。遂，顺。非，过失，错误。狠愎(bì)：凶狠顽固，蛮不讲理。㉜建白：建议。台：即御史台，朝廷的监察机构。谏：谏院，掌规谏朝政缺失的官署。从臣：皇帝的侍从。金议可否：指议论秦桧提出的和议条款。金(qiān)，众，共。分谤：分担舆论的非议，指责。㉝「孔子曰」句：见于《论语·宪问》。微：没有。管仲：春秋初期齐国名相。被发左衽：意为沦为外族的奴隶。被，同「披」。㉞霸者之佐：辅佐霸主的大臣。㉟衣冠之俗：指中原地区的文明习俗。㊱孙近：宋时常州无锡（今属江苏）人。进士出身，累官翰林学士承旨。高宗时，因党同秦桧，升参知政事，兼知枢密院事。参知政事：即副宰相。伴食中书：不负责任，只是在中书省陪宰相吃饭。漫：随便，敷衍。可否：赞成和反对。事：指政治措施。㊲当拜：指叩拜金国使者。㊳臣：胡铨的自称。政事堂：朝廷大臣办公议事的厅堂，设在中书省。㊴参赞大臣：参与、帮办国事的大臣。充位：空占职位，不干实事。虏骑长驱：敌人骑兵远来奔袭。折冲：挫败敌兵的冲击。御侮：抵御敌人的侵凌。㊵备员：充数。自谦之词。枢属：枢密院属官。义：按理应当。共戴天：一同顶戴天日。不共戴天，表示仇恨到了极点，与对方势不两立。㊶区区：诚挚，忠诚。竿：用竿悬挂。藁(gǎo)街：汉时都城长安中外国与周边少数民族使者住的街道。这里借指当时金国使者的住处。徐：形容从容不迫。兴问罪之师：意为发兵讨伐罪恶的敌人。问罪，追究敌人罪行。㊷小朝廷：指降为金国藩属的朝廷。㊸冒渎：冒犯，亵渎。天威：皇帝的威严。甘俟(sì)斧钺(yuè)：甘愿等待接受酷刑。俟，等待。斧钺，古代的杀人刑具。钺，形状像斧，但是比斧大。陨(yǔn)越：颠坠、跌倒，这里引申为恐惧、惶恐。不

指南录后序

文天祥

胜陨越之至，表示敬畏之词，意为惶恐到了极点，难以承受。

作者简介

文天祥（1236~1283），字宋瑞，一字履善，号文山。吉州庐陵（今江西吉安）人。理宗宝祐四年（1256）进士第一。理宗开庆元年（1259），元兵南侵，大宦官董宋臣劝皇帝迁都逃避，群臣没有敢非议的。当时天祥为宁海军节度判官，独自上书，『乞斩宋臣，以一人心』。理宗不听，于是文天祥罢官而去。后历任江西提刑、湖南提刑、赣州知州等职。恭帝德祐元年（1275），元兵渡江南下，天祥起兵入卫，上疏痛陈御敌大计，被昏庸的朝廷拒绝。德祐二年，元军兵临京城，仓促间被任命为右丞相兼枢密使，到元营议和，抗论不屈，被拘至镇江。乘间逃脱，历尽艰险，归福州。端宗景炎元年（1276），复任右丞相，督师江西，抵抗元军，收复州县多处。最终因为敌我力量悬殊，大势已去，于帝昺祥兴元年（1278）战败被俘。第二年被送至元大都（今北京），受俘期间，元世祖以高官厚禄劝降，文天祥宁死不屈，从容赴义，生平事迹被后世称许，与陆秀夫、张世杰被称为『宋末三杰』。有《文山先生全集》传世。

原文

德祐二年正月十九日，予除右丞相兼枢密使，都督诸路军马。[①]时北兵已迫修门外，战、守、迁皆不及

杂画图（之一） 明·徐端本

该图册多写山野逸士的生活情景，或溪边独钓，或小桥策行，或山村访友，或闲眺江天。刻画人物简练而意态自足，表现山水善于融会变化。在艺术旨趣上与元代以来的文人隐逸山水一脉相承，而在艺术表现手法上，却自具风貌，此选印一幅。

施。② 缙绅、大夫、士，萃于左丞相府，莫知计所出。③ 会使辙交驰，北邀当国者相见。④ 众谓予一行，为可以纾祸。⑤ 国事至此，予不得爱身，意北亦尚可以口舌动也。⑥ 初奉使往来，无留北者，予更欲一觇北，归而求救国之策。⑦ 于是辞相印不拜，翌日，以资政殿学士行。⑧

初至北营，抗辞慷慨，上下颇惊动，北亦未敢遽轻吾国。⑨ 不幸吕师孟构恶于前，贾馀庆献谄于后，予羁縻不得还，国事遂不可收拾。⑩ 予自度不得脱，则直前诟虏帅失信，数吕师孟叔侄为逆，但欲求死，不复顾利害。⑪ 北虽貌敬，实则愤怒。⑫ 二贵酋名曰馆伴，夜则以兵围所寓舍，而予不得归矣。⑬

未几，贾馀庆等以祈请使诣北，北驱予并往，而不在使者之目。⑭ 予分当引决，然而隐忍以行。⑮ 昔人云：『将以有为也。』⑯

至京口，得间奔真州，即具以北虚实告东西二阃，约以连兵大举。⑰ 中兴机会，庶几在此。⑱ 留二日，维扬帅下逐客之令。⑲ 不得已，变姓名，诡踪迹，草行露宿，日与北骑相出没于长淮间。⑳ 已而得舟，避渚洲，出北海，然后渡扬子江，入苏州洋，展转四明、天台，以至于永嘉。㉒
追购又急，天高地迥，号呼靡及。㉑ 穷饿无聊，呜呼！予之及于死者，不知其几矣！㉓诋大酋，当死；㉔骂逆贼，当死；㉕与贵酋处二十日，争曲直，屡当死；㉖去京口，挟匕首，以备不测，几自到死；㉗经北舰十余里，为巡船所物色，几从鱼腹死；㉘真州逐之城门外，几彷徨死；㉙如扬州，过瓜洲扬子桥，竟使遇哨，无不死；㉚扬州城下，进退不由，殆例送死；㉛坐桂公塘土围中，骑数千过其门，几落贼手死；㉜贾家庄几为巡徼所陵迫死；㉝夜趋高邮，迷失道，几陷死；㉞质明，避哨竹林中，逻者数十骑，几无所逃死；㉟至高邮，制府檄下，几以捕系死；㊱行城子河，出入乱尸中，舟与哨相后先，几邂逅死；㊲至海陵，如高沙，常恐无辜死；㊳道海安、如皋，凡三百里，北与寇往来其间，无日而非可死；㊴至通州，几以不纳死；㊵以小舟涉鲸波出，无可奈何，而死固付之度外矣。㊶呜呼！死生昼夜事也，死而死矣，而境界危恶，层见错出，非人世所堪。㊷痛定思痛，痛何如哉！

㊸予在患难中，间以诗记所遭，今存其本不忍废。㊹道中手自抄录：使北营，留北关外，为一卷；㊺发北关外，历吴门、毗陵，渡瓜洲，复还京口，为一卷；㊻脱京口，趋真州、扬州、高邮、泰州、通州，为一卷；㊼自海道至永嘉，来三山，为一卷。㊽将藏之于家，使来者读之，悲予志焉。

㊾呜呼！予之生也幸，而幸生也何为？㊿所求乎为臣，主辱，臣死有余僇；㉛将请罪于君，君不许；请罪于母，母不许；请罪于先人之墓。㉜生无以救国难，死犹为厉鬼以击贼，义也；㉝赖天之灵，宗庙之福，修我戈矛，从王于师，以为前驱，雪九庙之耻，复高祖之业，所谓誓不与贼俱生，所谓鞠躬尽力，死而后已，亦义也。㉞嗟夫！若予者，将无往而不得死所矣。㉟向也，使予委骨于草莽，予虽浩然无所愧怍，然微以自文于君亲，君亲其谓予何？㊱诚不自意，返吾衣冠，重见日月，使旦夕得正丘首，复何憾哉！㊲复何憾哉！

古文观止

卷十一 宋文二

是年夏五,改元景炎,庐陵文天祥自序其诗,名曰《指南录》。

选自《文山先生全集》卷十三

注释

①德祐二年:公元1276年。除:授予官职。右丞相:南宋时设左右丞相,为辅佐皇帝治国的最高行政长官。枢密使:宋朝最高军事长官。都督:统帅监督。路:宋代行政区域名,大致相当于现在的省。②北兵:指元兵。修门:指国都的城门。迁:指迁都。施:施行。③绅(shēn):同"搢绅",即腰间束大带插笏板,为古代高级官员的装束,后代称官宦。缙,插;绅,大带。萃:聚集。④会:正值,恰逢。使辙交驰:双方使臣相互往来。辙,车辙,借指车。北:指元军。当国者:主持国事的大臣。⑤纾(shū)祸:解除祸患。纾,解除,消除。⑥爱身:顾惜自身安危。意:料想,预料。以口舌动:用言语来打动,即说服元军撤兵。⑦无留北者:没有被扣留在元军的。觇(chān)北:察看元军方面的情况。觇,窥视,暗中察看。⑧辞相印不拜:推辞了相印,不接受任命。翌(yì)日:第二日。以资政殿学士行:以资政殿学士的身份前往。资政殿学士,掌管皇帝文书的官员,兼充文物典章顾问。⑨北营:指元军元帅伯颜的军营。抗辞:同敌人抗辩的言辞。遽:马上,立即。⑩吕师孟:原为宋兵部侍郎,德祐元年十二月出使元军,已投降。构恶:进行挑拨,使双方关系恶化。贾馀庆:原为同签书枢密院事,文天祥辞却相印后,他担任右丞相,与文天祥同使元军,但背着文天祥向元人纳款投降。后又讨好元人,献策拘禁文天祥。羁縻(mí):拘系,软禁。⑪度(duó):揣测,估计。诟(gòu):责骂。虏帅:敌军统帅,指伯颜。数(shǔ):列举罪状,揭露罪恶。吕师孟叔侄:吕师孟的叔父吕文焕,原为宋守襄阳主将,先吕师孟投降,并为元军南侵当向导。文天祥斥责伯

颜失信时，吕文焕在旁边为伯颜帮腔。为逆：做叛逆的事。利害：指谈判成败与个人安危。⑫北：指元人。

貌敬：意为表面上尊敬。⑬二贵酋：指忙古歹和唆都，二人都是元军的高级将领。酋，首领。馆伴：在宾馆接待、陪伴外国使者的人员。寓舍：寓居房舍。⑭未几：不久。指德祐二年二月六日。贾馀庆等，除贾馀庆外，还有吴坚、谢堂等。祈请使：求降使者。诣（yì）北：到北方去。下一"北"字指元军。⑮分（fēn）：本分，名分。引决：即自杀。隐忍：暗自忍受（屈辱与痛苦）。⑯昔人：指唐朝人南霁云，为张巡部将。⑰京口：今江苏镇江。间（jiàn）：空隙，机会。真州：治所在今江苏仪征。东西二闸（kūn）：指淮南东路与淮南西路两制置使（边防军事长官）。当时，淮东制置使是李庭芝，驻扬州；淮西制置使是夏贵，驻庐州（今安徽合肥）。闸，本指都城郭门的门槛，这里引申为边防军事长官。⑱『中兴机会』二句：文天祥逃到真州后，真州守将、安抚使苗再成向其陈述恢复策略，他们认为两淮兵力联合起来，断敌归路，可以聚歼南侵的元军，是宋朝中兴的机会。所以，文天祥当即作书与李庭芝、夏贵，约双方连兵大举。庶几：大约。已降元，苗、文不知），误认为文天祥为元作奸细，到真州说降，密令真州守将苗再成杀天祥。苗使李庭芝。李中了元人的反间计，⑲维扬：即扬州。⑳变姓名：文天祥离扬州后化名刘洙。不忍，把他骗到城外，告以实情，然后关上城门，硬逼他走掉。天祥欲到扬州向李庭芝得知李下严令逮捕他，只好离开。所谓『下逐客之令』，即指此事。㉑穷饿无聊：困窘饥饿，无所倚恃。追购：悬赏追捕。㉒避渚（zhǔ）洲：意思是避开长江上被元兵占诡踪迹：隐秘行踪。

不应，叫地地不灵。迥（jiǒng）：远。靡及：不及，达不到。『天高』二句：意思是说叫天天据的沙洲，绕路而行。渚，水中小洲。北海：指长江口以北的海。扬子江：即长江。这里指长江入海口的一

古文觀止　卷十一　宋文二　五九三

古文觀止 卷十一 宋文二

段。苏州洋：指今上海附近的海。四明：今浙江宁波。天台：在今浙江中东部。永嘉：今浙江温州。㉓及于死者：达到死亡的地步。㉔诋（dǐ）：辱骂。大酋：指元军统帅伯颜。㉕逆贼：指吕文焕、吕师孟等。㉖争曲直：争论是非，明我之是（直），斥彼之非（曲）。㉗几：几乎，差不多。自到：即割颈自杀。㉘北舰：指元兵战舰。巡船：敌人巡逻船只。物色：搜寻。几从鱼腹死：意思是说几乎投水自尽，葬身鱼腹。㉙彷徨死：彷徨无措，焦虑而死。㉚如：往。瓜洲：在今扬州南长江边。扬子桥：即扬子津，在扬州南。桂公塘：地名，在扬州城附近。土围：指毁坏的已经没有房顶的房屋。骑（jì）：骑兵。㉛哨：指元军哨兵。"扬州城下"二句：当时文天祥打算进扬州见李庭芝，但听说李下令逮捕自己，命使：令很紧急，不敢贸然进城，又怕元兵发现，何去何从，随从人意见不一，文天祥一时也拿不定主意。不由不由己，自己做不了主。殆例送死：几乎等于来送死。㉜"贾家庄"句：文天祥一行到了贾家庄，突然遇到宋当地巡防乡官五人骑马咆哮而来，极其凶恶，挥刀想要伤人，急急给了钱才免遭毒手。贾家庄：在扬州城北。巡徼（jiào）：巡察人员。陵迫：侵凌逼迫。陵，同"凌"。㉝高邮：在今江苏扬州北。陷：指陷入困苦的绝境。㉞质明：早晨天亮。几无所逃：几乎没有逃出来的。指的是这次躲在竹林中被发现，文天祥一行人有的受伤，有的被掳去，文天祥侥幸躲过。㉟制府：指淮东制置使官署。檄（xí）下：指李庭芝下达各州县的捉拿文天祥的通告。檄，古代官府文书的一种，多用于晓谕或征讨。㊱城子河：在高邮东南。舟：文天祥一行所乘坐的船。㊲邂逅（xièhòu）：突然相遇。㊳海陵：今江苏泰县。高沙：即高邮。㊴道：路过。海安、如皋：今属江苏，在泰县东。北与寇：元兵与土匪。㊵通州：治所在今江苏南通。几以不纳死：意思是说几乎如高沙，意思是险恶的遭遇和在高邮一样。无辜死：没有罪而被自己方面的人杀死。哨：元人巡逻兵。相后先：交互为先后。

㊶因为不被接纳而遭元兵追杀而死去。以小舟涉鲸波出：意为乘小船冒着巨浪出海南归。鲸波，海中巨浪。㊷死生昼夜事也：意为在当时，死亡是早晚随时都会发生的事情。死生，复义偏指，这里指死。㊸"痛定思痛"二句：痛苦过后，再回想当时所遭受的痛苦，那痛苦的心情是难以形容的。㊹间：间或，有时。本：底稿，稿本。所堪：所能忍受。堪，忍受。见，同"现"。所现：同"现"。⸺无可奈何：意为面对海上的惊涛骇浪没有别的什么办法。付之度外：即置之度外，不予考虑。

㊺使北营：指德祐二年正月出使元营。留北关外：指被元军扣留在北关外。北关外，南宋都城临安北门外的高亭山。㊻吴门：即吴县，今江苏苏州。毗（pí）陵：今江苏常州。㊼三山：今福建福州。因市内有闽山、越王山、九仙山而得名。㊽来者：后来人。悲：同情，顾念，含有向往、继承之意。㊾幸生也何为：幸而生于此世，又有何作为呢？㊿所求乎为臣：以做臣子的标准来要求。主辱：君主受辱，这里指恭帝被俘虏北去。臣死有馀僇（二）：臣子即使死难，还是有罪。僇，同"戮"，罪。㉛所求乎为子：以做儿子的标准来要求。父母之遗体：指自己的身体。行殆：做危险的事情，即冒险。馀责：未尽的罪责。㉜请罪：请求定自己的罪。先人：指祖先。㉝厉鬼：本指恶鬼，这里指勇于拼搏的鬼。义也：这是合乎正义的。㉞灵：神灵。宗庙：皇室祖宗的庙。福：福佑，保佑。戈矛：均为古代常用兵器。从王于师：随从君王在军中，意即参加君王统帅的军队。前驱：先锋。九庙：这里借指国家。高祖：指宋开国皇帝赵匡胤（yìn）。高祖之业：即高祖开创的基业，打下的天下。鞠躬：忠诚恭谨的样子。㉟无往而不得死所：意为处处都是死所，处处都是我舍生取义之地。㊱向：过去，从前。委骨于草莽：尸骨被抛弃在草木的深处，即死在草野间。委，丢弃，抛弃。莽，草木深处。浩然：这里意为满怀正气。怍（zuò）：惭愧，羞愧。微：（如果）没有。文：写文章来表明心迹。

古文觀止

卷十一 宋文二

五九五

古文觀止

卷十一 宋文二

君亲其谓予何：意为君主和母亲会说我究竟怎么了（含有怀疑之意）。君亲，君主与双亲。因文天祥父已逝，这里指君主与母亲。㊼诚不自意：自己确实没想到。诚，的确，确实。返吾衣冠：即返吾躯体，意为回到宋朝。衣冠，借指自身躯体。旦夕：早晚，随时。正丘首：死于故国。㊽改元景炎：德祐二年五月，宋端宗赵昰（『昰』的古文）在福州即位，改年号为景炎。改元，即改年号。《指南录》：文天祥《扬子江》诗：『臣心一片磁针石，不指南方不肯休。』《指南录》在此基础上命名。

卷十二 金、元、明文

送秦中诸人引[1]

元好问

作者简介

元好问（1190~1257），金代文学家。字裕之，号遗山，忻州秀容（今山西忻县）人。祖系出自北魏拓跋氏。兴定年间进士。历任内乡令、尚书省掾、左司都事、行尚书省左司员外郎等职。金代灭亡后，居家不仕。诗文兼擅，在金元间名望颇高。晚年致力于收集金代君臣的遗言往事，多为后人纂修金史所本。著有《遗山集》，编有《中州集》。

原文

关中风土完厚，人质直而尚义；风声习气，歌谣慷慨，且有秦、汉之旧。[2]至于山川之胜，游观之富，天下莫与为比。故有四方之志者，多乐居焉。

予年二十许时，侍先人官略阳，以秋试留长安中八九月。时纨绮气未除，沉涵酒间，知有游观之美而不暇也。长大来，与秦人游益多，知秦中事益熟，每闻谈周、汉都邑及蓝田、鄠、杜间风物，则喜色津津然动于颜间。[4]二三君多秦人，与余游，道相合而意相得也。常约近南山，寻一牛田，营五亩之宅，如举子结夏课时，聚书深读，时时酿酒为具，从宾客游，伸眉高谈，脱屣世事，览山川之胜概，考前世之遗迹，庶几乎不负古人者。[6]然予以家在嵩前，暑途千里，不若二三君之便于归也。清秋扬鞭，先我就道，矫首西望，

今夫世俗惬意事，如美食大官、高赀华屋，皆众人所必争，而造物者之所甚靳，有不可得者。⑧若夫闲居之乐，澹乎其无味，漠乎其无所得，盖自放于方之外者之所贪，人何所争，而造物者亦何靳耶？⑨行矣诸君，明年春风，待我于辋川之上矣。⑩

选自《遗山先生文集》卷三十七

注释

①秦中：关中，今陕西中部平原地区。引：唐以后兴起的一种文体，略如序而比序简短。②关中：指东自函谷关西至大散关的渭河平原地区，这里古代属于秦国。风土完厚：风俗淳朴，环境优美。风土，风俗与自然环境。完，优美，完美。厚，厚道，淳厚。质直：朴实直率。尚义：崇尚义气。风声习气：风气习惯。③胜：美好，优美。游观：游览，指可游览的地方。富：丰富，多。莫与为比：没有能和它相比的地方。有四方之志者：指有志于游历四方的人。④许：表约数，而非确数。侍：侍奉，陪从在尊长身边。先人：指作者已过世的继父元好古郡名，治所在陇城（今甘肃秦安东北陇城镇）。秋试：科举时代秋季举行的考试。纨绮气：纨绮公子的习气。沉涵：沉酣，痛饮感到畅快。不暇：没有空。暇，空闲。⑤闻谈：听说和谈论。周、汉都邑：周朝和汉朝的都城，分别指镐京和长安。蓝田：古县名，今属陕西，以产美玉闻名，唐诗人王维辋川别业所在地。鄠、杜：古县名，今属陕西，在今西安东南。鄠、杜之间有杜曲、杜陵等名胜古迹。风物：风光景物。津津然：感情洋溢的样子。颜：脸。⑥二三君：几位友人。道相合：学说主张相

长吁青云。⑦

古文觀止

卷十二 金、元、明文

《录鬼簿》序①

钟嗣成

作者简介

钟嗣成，元代戏曲家。生卒年不详，字继先，号丑斋。大梁（今河南开封）人。寄居杭州。以明经累试于有司不第，于是闭门著书，从事戏曲创作。著有杂剧《章台柳》、《钱神论》等，到现在均已佚失。今存其至顺元年（1330）所著《录鬼簿》二卷，记元代杂剧作家事迹和作品名目。

① 《录鬼簿》序：钟嗣成。

符合。意相得：志向相投合。南山：即终南山，在今西安南。牛田：本指凭借养官府的牛而得到的土地。这里指以一牛之力就能耕种的小块土地。五亩之宅：见于《孟子·梁惠王上》：'五亩之宅，树之以桑，五十者可以衣帛矣。'举子：被荐举应试的士子。夏课：指古代参加科举考试的人落第后不离开京城而是借住在寺庙中，习作文章。伸眉扬眉吐气，得意的样子。脱屣（xǐ）：脱鞋，这里比喻无所顾念地放弃。⑦家在嵩前：家在嵩山之南。扬鞭：举鞭，指行路。先我就道：在我之前踏上路途。矫首：举头，抬头。长吁（xū）：长叹。吁，叹气。青云：青云之志，比喻隐逸的志向。⑧世俗：指当世平庸的人。惬（qiè）意：快意，满足。高赀（zī）：钱财多。赀，通'资'，资财。⑨若夫：至于说。澹（dàn）漠：淡薄，冷淡的样子。盖：句首语气词。造物者：即造物主，指上天。⑩辋川：水名，在蓝田县南。这里指放纵于世俗之外的人。放，放纵，放任。可隐居的好去处。

古文观止 卷十二 金、元、明文

原文

贤愚寿夭、死生祸福之理，固兼乎气数而言，圣贤未尝不论也。②盖阴阳之屈伸，即人鬼之生死。人而知夫生死之道，顺受其正，又岂有岩墙、桎梏之厄哉！③虽然，人之生斯世也，但知以已死者为鬼，而不知未死者亦鬼也。④酒罂饭囊、或醉或梦、块然泥土者，则其人虽生，与已死之鬼何异？⑤此曹固未暇论也。其或稍知义理，口发善言，而于学问之道甘为自弃，临终之后漠然无闻，则又不若块然之鬼之愈也。⑥

余尝见未死之鬼吊已死之鬼，未之思也，特一间耳。独不知天地开辟，亘古迄今，自有不死之鬼在。⑦则？圣贤之君臣，忠孝之士子，小善大功著在方册者，日月炳焕，山川流峙，及乎千万劫无穷已，是则虽鬼而不鬼者也。⑧

今因暇日缅怀故人，门第卑微，职位不振，高才博识，俱有可录，岁月弥久，湮没无闻。遂传其本末，吊以乐章。⑨复以前乎此者，叙其姓名，述其所作，冀乎初学之士刻意辞章，使冰寒乎水、青胜于蓝，则亦幸矣。名之曰《录鬼簿》。⑩

嗟乎！余亦鬼也。使已死、未死之鬼作不死之鬼，得以传远，余又何幸焉！若夫高尚之士、性理之学以为得罪于圣门者，吾党且哜蛤蜊，别与知味者道。⑪

至顺元年龙集庚午月建甲申二十二日辛未，古汴钟继先自序。⑫

选自《录鬼簿》

注释

① 《录鬼簿》：钟嗣成于元代至顺元年（1330）完成初稿的一部著作。该书介绍了与作者同时代的

一百五十余位元杂剧作家的简略生平及作品目录。本文是该书的序言。鬼：迷信说法称人死后的魂灵为鬼，这里指『前辈已死』和『当今未亡』的『名公』、『才人』（杂剧大家和一般作家）。②贤愚寿夭：德才兼备与愚钝，长寿和夭折。理：道理，规律。固：实在。兼乎气数：同时具有运气。气数，命运。未尝：从来没有，从不。③阴阳之屈伸：阴阳的进退变化。生死之道：从生到死的人生历程规律。顺受其正：顺理而行，所接受的便是正命。岩墙：高危的墙，指牢狱。桎梏（zhìgù）：指刑具。厄（è）：困苦，灾难。④虽然：即便是这样。斯世：这个世界。斯，这。但知：只知道。⑤酒罂（yīng）：古代一种装酒的瓮，口小而腹大。饭囊（náng）：饭袋，饭桶。块然泥土：指没有知觉的泥土。何异：有什么不同。⑥此曹：此辈，这一类人。固：本来，原本。未暇：没空，顾不上。或：有的人。义理：讲求经义、探究名理的学问。学问之道：学习和问难的学说。自弃：自我放弃。『则又』句：就又不能胜过『块然之鬼』了。不若：不如，比不上。愈：胜过，超过。⑦吊：凭吊。未之思：没有仔细思考它。特：不过，仅仅。一间：非常接近，相差无几。亘（gèn）古迄今：从古到今。迄，至，到。⑧何则：什么法则，什么道理。士子：士大夫。『小善』三句：这些小的善举大的功德名留史册的人，他们像日月那样显耀辉煌，像高山大川那样永远耸立、奔流。小善大功：小的善举，大的功德。炳焕：光明显耀。山川流峙：山峰耸峙，河川流动。劫：梵语『劫波』的省略，指极为长远的一个时期。无穷已：无穷尽。『是则』句：这就是虽然是已死的鬼却又是不死的鬼啊。⑨因：趁着。暇日：休息闲暇的时间。缅怀：追怀，追念。故人：旧友，老朋友。门第：封建时代不同家族的等级。不振：不举，指职位不高，很久都得不到升迁。弥久：久远。湮（yān）没：埋没。遂：于是，就。本末：原委，始末。吊：罗列。乐章：指元曲的篇章。⑩前乎此者：在此之前的。冀

古文观止

卷十二 金、元、明文

六〇一

古文观止

卷十二 金、元、明文

送东阳马生序①

宋濂

希冀，希望。刻意辞章：专心致志于诗文。幸：庆幸。⑪嗟乎：叹词，表示慨叹。"使已死"二句：把那些名不见经史的作家和作品显名于世，使其流传下去，活在后人心中。"若夫"句：至于说那些"高尚之士"。性理之学：指宋明理学，这个学说认为天出理，人、物的性都是天理的体现。以为：以之为。圣门：圣贤之门。吾党：我们志同道合的人。啖（dàn）蛤（gé）蜊：典出《南史·王融传》。王融在沈昭略前夸耀自己名满天下，沈说没有听说过，并只顾着吃自己的蛤蜊。啖，吃。蛤蜊，一种有壳的软体动物，可食用，非常美味。别：另外。道：说，谈论。⑫至顺元年：指公元1330年。龙集庚午：岁星在庚午年。龙，岁星名称。庚午，这里指公元1330年，即元文宗至顺元年。月建：古以十二干支纪日，干称日，从甲至癸为十日；支称辰，从子至亥为十二辰。农历以每月所置的十二辰为月建。甲申：指当年十月。"甲申"当作"戊申"，因该年的上一年十月月建为"甲申"，庚午年十月的月建为"戊申"。辛未：未时，正午一至三时。古汴：汴梁，今河南开封。钟继先：指钟嗣成，继先是他的字。

作者简介

宋濂（1310~1381），明初文学家。字景濂，号潜溪，浦江（今浙江义乌西北）人。幼年时家贫，借书苦读。元末召为翰林编修，固辞不就，入龙门山为道士。后朱元璋召他到建康（南京），明初奉命主修《元

《宋学士文集》。

原文

余幼时即嗜学。家贫，无从致书以观，每假借于藏书之家，手自笔录，计日以还。①天大寒，砚冰坚，手指不可屈伸，弗之怠。录毕，走送之，不敢稍逾约。以是人多以书假余，余因得遍观群书。②既加冠，益慕圣贤之道，又患无硕师、名人与游，尝趋百里外，从乡之先达执经叩问。③先达德隆望尊，门人弟子填其室，未尝稍降辞色。④余立侍左右，援疑质理，俯身倾耳以请；或遇其叱咄，色愈恭，礼愈至，不敢出一言以复；俟其欣悦，则又请焉。故余虽愚，卒获有所闻。⑤

当余之从师也，负箧曳屣，行深山巨谷中。穷冬烈风，大雪深数尺，足肤皲裂而不知。⑥至舍，四肢僵劲不能动，媵人持汤沃灌，以衾拥覆，久而乃和。⑦寓逆旅主人，日再食，无鲜肥滋味之享。同舍生皆被绮绣，戴珠缨宝饰之帽，腰白玉之环，左佩刀，右佩容臭，煜然若神人。⑧余则缊袍敝衣处其间，略无慕艳意，以中有足乐者，不知口体之奉不若人也。盖余之勤且艰若此。

今诸生学于太学，县官日有廪稍之供，父母岁有裘葛之遗，无冻馁之患矣；⑨坐大厦之下而诵诗书，无奔走之劳矣；有司业、博士为之师，未有问而不告、求而不得者也；凡所宜有之书皆集于此，不必若余之手录，假诸人而后见也。⑩其业有不精、德有不成者，非天质之卑，则心不若余之专耳，岂他人之过哉！⑪

东阳马生君则，在太学已二年，流辈甚称其贤。余朝京师，生以乡人子谒余，撰长书以为贽，辞甚畅

古文觀止　卷十二　金、元、明文

达；与之论辩，言和而色夷。⑮自谓少时用心于学甚劳，是可谓善学者矣！其将归见其亲也，余故道为学之难以告之。谓余勉乡人以学者，余之志也；诋我夸际遇之盛而骄乡人者，岂知余者哉！⑯

选自《宋文宪公全集》卷三十二

注释

①这是宋濂在明洪武十一年（1378）退休一年后在应天（今江苏南京）朝见明太祖朱元璋，当时，在国子监读书的马君则以同乡后辈的身份前来拜访，宋濂写了这篇文章送给他。东阳：今浙江金华。②嗜学：特别喜欢学习。嗜，爱好，特别喜欢。无从：没有办法。致书：得到书。致，得到。假借：借。计日以还：按约定的日期送还。③砚冰：指砚台中的墨水结成冰。弗之怠：即"弗怠之"。不敢稍稍有所懈怠。走送：赶快送回。走，疾行，跑。逾约：超过约定的期限。④加冠：古代男子二十岁行冠礼，以示成年。这里指二十岁。益慕：更加敬仰。益，更加。硕师：大师，名师。尝：曾经。趋：疾走。乡之先达：同乡的有地位有声望的前辈。执经叩问：拿着经书询问请教。执，（手里）拿着。⑤德隆望尊：德行高尚，声望崇高。⑥立侍：站着陪侍。援疑质理：提出疑问，质询道理。叱咄（chìduō）：大声斥责。俟其欣悦：等他欣喜高兴的时候。卒获有所闻：终于有所闻知'未尝'句：从不稍稍抑制自己的言辞和脸色，即言辞态度很严肃。⑦负箧（qiè）曳屣（xǐ）：背着小箱子，拖着鞋子（表示鞋破）。穷冬：整个冬天。穷，全，尽。皲（jūn）裂：手脚皮肤干裂。⑧僵劲：僵硬。媵（yìng）人：婢女，这里指旅馆中的仆役。沃灌：浇洗。以衾（qīn）拥覆：拿被子盖上。衾，指被子。和：暖和。⑨寓：寄居。逆旅：旅店。被绮绣：穿着华美的丝织衣服。被，通'披'，穿着。绮绣，五彩华丽的丝织物。珠缨：用珠宝串成的带子。容臭（xiù）：指香囊。

阅江楼记① 宋濂

原文

金陵为帝王之州。自六朝迄于南唐，类皆偏据一方，无以应山川之王气。逮我皇帝定鼎于兹，始足以当

臭，指香气。煜然：光彩照人的样子。⑩缊（yùn）袍敝衣：以乱麻为絮的衣袍，粗布衣服。略：丝毫。慕艳：艳美，美慕。『不知』句：不必知道口味和身体所受的待遇比不上别人。奉：供给。盖：句首语气词，表示一种约略的情况。若此：如此，这样。⑪耄老：八九十岁的老人。幸预：有幸参与。预，参与。君子：这里指达官贵族。承：接受。宠光：恩宠荣耀。缀（zhuì）：跟随。侍坐：坐在天子旁边陪伴侍奉。谬称：荒唐地称呼，自谦词。⑫县官：古代指天子或朝廷。廪（lǐn）稍之供：指官府供给食粮。廪稍，即廪食。岁：每年。裘葛之遗：指寄送四季的衣服。遗，给予。冻馁（něi）之患：受挨饿的忧虑。⑬奔走：急走，为某事奔忙。司业：太学的副长官。博士：太学教官。『不必』二句：不必像我那样用手抄写，遍借众人之书，且比别人晚看到书。⑭天质：天资，天赋。卑：低下。不若：不如，不像。过：过失，错误。⑮东阳马生君则：东阳的后生马君则。流辈：同一流的人，同辈。朝：朝见皇帝。乡人子：同乡子侄辈。谒：拜见。撰（zhuàn）长书以为贽（zhì）：写长长的信作为进见礼。撰，写。赞，初次见尊长所送的礼物。言和而色夷：说话和善，『面色悦怡』。⑯自谓：自己称。故道：因此说。为学之难：求学的艰难。『谓余』二句：说我勉励乡人刻苦为学的，是我的志向啊。际遇之盛：指待遇隆盛。

② 由是声教所暨，罔间朔南；存神穆清，与道同体。虽一豫一游，亦思为天下后世法。③ 京城之西北有狮子山，自卢龙蜿蜒而来。长江如虹贯，蟠绕其下。上以其地雄胜，诏建楼于巅，与民同游观之乐，遂锡嘉名为"阅江"云。④ 登览之顷，万象森列，千载之秘，一旦轩露。岂非天造地设，以俟大一统之君，而开千万世之伟观者欤？⑤

当风日清美，法驾幸临，升其崇椒，凭栏遥瞩，必悠然而动遐思。见江汉之朝宗，诸侯之述职，城池之高深，关阨之严固，必曰："此朕栉风沐雨，战胜攻取之所致也。"⑥ 中夏之广，益思有以保之。见波涛之浩荡、风帆之上下，番舶接迹而来庭，蛮琛联肩而入贡，必曰："此朕德绥威服，覃及内外之所及也。"⑦ 四陲之远，益思所以柔之。见两岸之间、四郊之上，耕人有炙肤皲足之烦，农女有将桑行馌之勤，必曰："此朕拨诸水火，而登于衽席者也。"⑧ 万方之民，益思有以安之。触类而推，不一而足。臣知斯楼之建，皇上所以发舒精神，因物兴感，无不寓其致治之思，奚止阅夫长江而已哉！⑩

彼临春、结绮，非不华矣；齐云、落星，非不高矣。不过乐管弦之淫响，藏燕赵之艳姬，一旋踵间而感慨系之，臣不知其为何说也。⑪ 虽然，长江发源岷山，委蛇七千馀里而入海，白涌碧翻，六朝之时，往往倚之为天堑。今则南北一家，视为安流，无所事乎战争矣。⑫ 然则果谁之力欤？逢掖之士，有登斯楼而阅斯江者，当思圣德如天，荡荡难名，与神禹疏凿之功同一罔极。忠君报上之心，其有不油然而兴者耶？⑬

臣不敏，奉旨撰记，故上推宵旰图治之切者，勒诸贞珉。他若留连光景之辞皆略而不陈，惧亵也。⑭

选自《文宪集》卷三

注释

① 这是宋濂奉明开国皇帝太祖朱元璋命，为坐落在南京西北狮子山上所建的阅江楼写的一篇记文。

②『金陵』句：金陵就是今天的江苏南京，南朝齐谢朓《入朝曲》诗有『江南佳丽地，金陵帝王州』的句子。六朝：指三国吴、东晋和南朝宋、齐、梁、陈六个朝代，它们都定都在金陵。南唐、五代十国之一，也是定都金陵。类：大抵，大都。应：对应。王气：旧时的一种迷信说法，认为帝王受命于天统治天下的气运叫王气。逮：至，到。定鼎：建都。当：适应，与之相称。

③ 由是：因此。声教：指声威和教化。暨：到。罔：无，没有。间：间隔，隔开。朔南：北方和南方。朔，北。存神：保养精神。穆清：原指天地清和之气，这里指天子肃穆清和的气概。道：道家所说的万物之源。豫：巡游。法：效法。

④ 狮子山：在今南京西北抱江门外。卢龙：卢龙山，在今江苏江宁西北。贯：穿连，连通。蟠绕：盘曲环绕。上：指皇上。雄胜：形容雄奇壮丽。诏：皇帝的命令或文告。巅：指山顶。游观：游览。锡：通『赐』，赐予。嘉名：美好的名声。

⑤ 顷：不一会儿，片刻。森列：形容排列繁密、森严。秘：奥秘，奥妙。一旦：一时，忽然。轩露：显露出来。天造地设：形容事物配合得当，像天地一样自然生成。俟（sì）：等待。大一统之君：这里指统一了中国的明太祖朱元璋。一统：统一。伟观：盛大的景观。

⑥ 法驾：指皇帝的车驾。崇椒：指高山的顶峰。遥瞩：远望。瞩，注视。遐思：悠远地思索。

⑦ 朝宗：水流归向。述职：诸侯向天子陈述职守、报告施政情况。朕：第一人称代词，秦始皇以后成为皇帝专用的自称。栉风沐雨：用风来梳头发，用雨来洗头发，比喻不避风挡雨，奔波劳累。所致：所取得的。

⑧ 中夏：指中国。益思：更想。有以：能够。番舶接迹：来自外国的商船相连。蛮琛（chēn）联肩：蛮夷民族肩挎的珍宝相接。琛，珍宝。

毛诗图 明·周臣

汉代尊《诗》为经典,故名《诗经》,当时传诗者有齐鲁、韩、毛四家。后唯毛诗流传最完整,所以《诗经》又被称为《毛诗》。魏晋以来,毛诗成为许多画家的作画题材,周臣此图即是如此,该图质朴古拙,描绘山村乡民生活情景,极为切近现实,源于画家对下层人民生活劳作的深刻体认。

德绥威服:用德行来安抚,用威势来降服。罩及:蔓延,延伸。

⑨四陲:指四方边境。柔:安抚,怀柔。炙(zhì)肤皲(jūn)足:烤晒肌肤,冻裂脚跟。捋(三)桑行馌(yè):手捋桑叶,送饭田间。『此朕』二句:这是我解救你们于水火之中而安放在床席之上的啊。衽(rèn)席:卧席。⑩『万方』二句:天下的百姓更希望能够安定地生活。益:更加。有以:能够。发纾:放纵。因物兴感:依据眼前的景物感动奋发。致治之思:达到最完美的政治的愿望。致:到。达到。奚止:何止。奚,何,哪里。而已:罢了。⑪临春、结绮:都是南朝陈后主所建的楼阁。齐云、落星:都是楼名。齐云楼为唐曹恭王所建,故址在今江苏吴县。长星楼为东吴所建,故址在今南京东北落星山上。淫响:过分的声响。燕赵之艳姬:古代有燕赵之地多美女的说法,这里指美女。旋踵:转足之间,形容迅速。⑫虽然:虽然如此。然,如此,这样。认为长江发源于四川岷山。委蛇:曲折前行。倚:依靠,倚仗。天堑(qiàn):天险。安流:平静地流动。⑬然则:那么。阅:看,观览。逢掖:古代儒者所穿的宽袖之衣,这里指代儒士。斯:这。荡荡:广大。神禹疏凿之功:指大禹为治洪水,疏通九河,开凿龙

卖柑者言① 刘基

作者简介

刘基（1311~1375），明初文学家。字伯温，浙江青田人。元末进士，曾任江西高安县丞、江浙儒学副提举，因受排斥和压抑，辞官隐居。元至正二十年（1360）至应天（今江苏南京）辅佐朱元璋。明初任御史中丞兼太史令，封诚意伯。后辞官，为胡惟庸所谮，忧愤而死；一说被胡惟庸毒死。谥文成。通经世之学，尤其精通天文及兵法。他的诗和文在当时都很有名。散文古朴犀利，寓意深远，有些为讽刺元末丑恶社会现象之作。著有《诚意伯文集》。

原文

杭有卖果者，善藏柑，涉寒暑不溃。出之烨然，玉质而金色。②置于市，贾十倍，人争鬻之。予贸得其一，剖之，如有烟扑口鼻，视其中，则干若败絮。③予怪而问之曰：'若所市于人者，将以实笾豆、奉祭祀、供宾客乎？将衒外以惑愚瞽也？甚矣哉为欺也！'④卖者笑曰：'吾业是有年矣。吾赖是以食吾躯。吾售之，人取之，未尝有言，而独不足子所乎？世之为

古文觀止 卷十二 金、元、明文

欺者不寡矣,而独我也乎?吾子未之思也。⑤今夫佩虎符、坐皋比者,洸洸乎干城之具也,果能授孙、吴之略耶?⑥峨大冠、拖长绅者,昂昂乎庙堂之器也,果能建伊、皋之业耶?⑦盗起而不知御,民困而不知救,吏奸而不知禁,法斁而不知理,坐縻廪粟而不知耻。⑧观其坐高堂,骑大马,醉醇醲而饫肥鲜者,孰不巍巍乎可畏,赫赫乎可象也?⑨又何往而不金玉其外、败絮其中也哉!今子是之不察,而以察吾柑!⑩"

予默然无以应。退而思其言,类东方生滑稽之流。岂其愤世疾邪者耶?而托于柑以讽耶?⑪

选自《诚意伯文集》卷七

注释

①作者借卖柑者之口,表达愤世疾邪的情感。②杭:今浙江杭州。柑:形以橘的树果,橙黄色。涉:经历。溃:腐烂。烨(yè)然:形容光泽鲜艳的样子。玉质而金色:质地如玉般润泽,颜色如金子般耀目。③贾:古"价"字,价格。鬻(yù):这里意为买。贸:买卖,这里意为买。剖之:剥开它。干若败絮:指柑子的内瓤像破败的棉絮。④予:我。若:你。市:交易,这里指卖出。将以:打算用来。实:充实。笾(biān)豆:古代供祭祀和宴会用的礼器,笾用竹制,豆用木或陶制。衒:炫耀。愚瞽:傻子和瞎子。瞽目盲者。『甚矣』句:即『为欺甚』,意为作为欺骗也太狠了吧。⑤『吾业』二句:我做这种职业已经很多年了,也靠它来维持生计。业:操业。是:这,指卖柑这件事。食(sì):供养。躯:身体。『而独』却单单不能满足你的需求吗?吾子:我所敬重的人。这里指卖柑人所言的对象,即作者。子,古代对男子的美称。⑥虎符:虎形的兵符,古代需要凭此调遣军队。皋比:虎皮,这里指坐垫。洸(guāng)洸:威武的样子子。干城之具:喻捍卫国家的将才。干,盾牌。具,才干。孙、吴:指孙武、吴起,都是我国春秋战国时期著

司马季主论卜①

刘基

原文

东陵侯既废，过司马季主而卜焉。②季主曰：「君侯何卜也？」东陵侯曰：「久卧者思起，久蛰者思启，久懑者思嚏。③吾闻之：『蓄极则泄，闷极则达，热极则风，壅极则通。一冬一春，靡屈不伸；一起一伏，无往不复。』仆窃有疑，愿受教焉。」④季主曰：「若是，则君侯已喻之矣，又何卜为？」东陵侯…

注释

名的军事家。略⋯谋略。⑦峨大冠⋯耸起高大的帽子。长绅⋯长长的腰带。昂昂⋯形容气宇轩昂的样子。⑧「盗起」四句⋯盗贼大兴作乱却不知道抵御，民众困顿却不知道救助，官吏奸诈而不知道制止，法令遭破坏而不知道治理。斁（dù）⋯败坏。糜⋯耗费。廪粟⋯国库的粮食。粟⋯泛指粮食。⑨醇醲⋯美味的烈酒。饫（yù）⋯饱食。『孰不』二句⋯谁不是看到他们高不可攀的样子就感到害怕，看到气势盛大的样子就会效法呢？巍巍⋯高不可及的样子。赫赫⋯气势盛大的样子。象⋯效法。⑩何往⋯以前哪一个。往，过去。是之不察⋯即「不察是」。是，这，指金玉其外、败絮其中这些现象。之，助词，提宾标志，无实义。⑪默然⋯沉默无言。应⋯回答。『类东方生』句⋯像东方朔一样诙谐滑稽。东方生⋯指东方朔。汉武帝的近臣，常常用诙谐滑稽的言谈讽谏皇帝。愤世疾邪⋯憎恨、厌恶腐朽的社会现状以及邪恶的东西。托⋯假借。

『仆未究其奥也，愿先生卒教之。』⑤

季主乃言：『呜呼！天道何亲？唯德之亲；鬼神何灵？因人而灵。夫蓍，枯草也；龟，枯骨也，物也。⑥人，灵于物者也，何不自听而听于物乎？且君侯何不思昔者也！有昔者必有今日。是故碎瓦颓垣，昔日之歌楼舞馆也；荒榛断梗，昔日之琼蕤玉树也；露蛩风蝉，昔日之凤笙龙笛也；鬼燐萤火，昔日之缸华烛也；秋荼春荠，昔日之象白驼峰也；丹枫白荻，昔日之蜀锦齐纨也。⑧昔日之所无，今日有之不为过；昔日之所有，今日无之不为不足。是故一昼一夜，华开者谢；一秋一春，物故者新；⑨激湍之下，必有深潭；高丘之下，必有浚谷。君侯亦知之矣，何以卜为？』⑩

选自《诚意伯文集》卷十八

注释

①这是刘基《郁离子·天道》中的一篇。《郁离子》，是刘基在元末归隐期间用寓言加议论的形式所写的一部『有激而言』的著作。②东陵侯：指秦人召平。秦亡后，召平在长安城东种瓜。废：废黜。过：拜访。司马季主：秦汉时楚国人，曾游长安，在东市替人占卜。有才学。汉初著名学者贾谊曾为其所难。卜：占卜。③君侯：古代对列侯的称呼。这里是对东陵侯的尊称。起：坐起，站起。蛰（zhé）：指动物冬眠。启：指立春的节气。懑：愤懑，烦闷。嚏（tì）：打喷嚏。④蓄极：指积聚储存的东西达到了极点。泄：外流。阏（è）：深闭，幽静。豁达。壅：堵塞。靡：无，没有。无往不复：指往返。仆：自身谦称。窃：私自，私下。受教：承受教诲。⑤若是：如此，这样。喻：明白，知道。何卜为：即『何为卜』，为什么要占卜。奥：奥秘，深奥。卒：尽，彻底。⑥天道：天意，天象。唯德之亲：只亲近德行。蓍（shī）：俗称锯

深虑论①

方孝孺

作者简介

方孝孺（1357~1402），明代著名学者、文学家、散文家、思想家。字希直，一字希古，号逊志，人称正学先生，浙江宁海人。幼时读书颖悟，人称『小韩子』，长大后为宋濂弟子。以明王道，致太平为己任。惠帝时任侍讲学士，主修《太祖实录》。燕王朱棣起兵，朝廷诗宴诏檄皆出其手。燕王兵进入京师（今江苏南京）后，拒绝为朱棣起草登极诏书，慷慨就义，被灭十族。学者称其为正学先生。为文醇深雄迈，著

齿草，古人取它的茎作占筮用。龟：古代占卜吉凶用的龟甲。⑦自听：听从自己。昔者：过去，从前。『是故』二句：因此，碎瓦断墙，是过去的歌楼舞馆啊。是故：因此，所以。颓垣：断墙。荒榛(zhēn)断梗：丛生的树丛，折断的茎枝。琼蕤(ruí)：美好的花草，珍贵的树木。⑧『露蛩』二句：露水下的蟋蟀和风中的鸣蝉，就是过去凤笙龙笛演奏的场所。露蛩(qióng)：露水下的蟋蟀。风中的鸣蝉：鬼燐：荒坟的白骨含磷，夜闪光，故称之。金釭(gāng)：金灯。秋茶(tú)：春荼，秋茶，秋天的苦菜；春荼，春天的荠菜。象白驼峰：指象脂和骆驼的肉峰，二者都是食品中的珍品。丹枫白荻：丹枫，秋霜打红的枫叶；白荻，秋水中的荻草。蜀锦齐纨：蜀(四川)地的锦和齐国（今山东一带）的绢，都是古代有名的纺织品。⑨过：过分。华：花。物故者新：旧事物死亡了，新事物才会产生。⑩激湍：迅疾的水流。浚谷：深谷。何以卜为：即『何以为卜』，为什么要占卜呢？

古文觀止

卷十二 金、元、明文

六一三

古文觀止

卷十二　金、元、明文

有《遜志齋集》。

原文

慮天下者，常圖其所難，而忽其所易；備其所可畏，而遺其所不疑。然而禍常發於所忽之中，而亂常起於不足疑之事。豈其慮之未周與？蓋慮之所能及者，人事之宜然。而出於智力之所不及者，天道也。②

當秦之世，而滅諸侯、一天下，而其心以為周之亡在乎諸侯之強耳。變封建而為郡縣，方以為兵革可不復用，天子之位可以世守，而不知漢帝起隴畝之中，而卒亡秦之社稷。③漢懲秦之孤立，於是大建庶孽而為諸侯，以為同姓之親可以相繼而無變，而七國萌篡弒之謀。④武、宣以後，稍剖析之，而分其勢以為無事矣。而王莽卒移漢祚。⑤光武之懲哀平、魏之懲漢、晉之懲魏，各懲其所由亡而為之備。而其亡也，蓋出於所備之外。⑥唐太宗聞武氏之殺其子孫，求人於疑似之際而除之，而武氏日侍其左右而不悟。⑦宋太祖見五代方鎮之足以制其君，盡釋其兵權，使力弱而易制，而不知子孫卒困於敵國。⑧此其人皆有出人之智，蓋世之才，其於治亂存亡之幾，思之詳而備之審矣。慮切於此而禍興於彼，終至亂亡者何哉？蓋智可以謀人，而不可以謀天。⑨良醫之子，多死於病；良巫之子，多死於鬼。豈工於活人而拙於活子也哉？乃工於謀人而拙於謀天也！⑩古之聖人知天下後世之變，非智慮之所能周，非法術之所能制，不敢肆其私謀詭計，而唯積至誠、用大德以結乎天心，使天眷其德，若慈母之保赤子而不忍釋。⑪故其子孫雖有至愚、不肖者足以亡國，而天卒不忍遽亡之。⑫此慮之遠者也。夫苟不能自結於天，而欲以區區之智籠絡當世之務，而必後世之無危亡，此理之所必無者。而豈天道哉！⑬

選自《遜志齋集》卷二

注释

① 本文阐述了作者『虑天下』的思想。② 图：考虑。忽：忽视，不注意。备：防备，戒备。遗：遗漏。③ 『然而』二句：但是灾祸往往发生于人们所忽视的地方，而祸乱往往兴起于不需要怀疑的事情。与……同『欤』。人事：人力所能及的事。宜然：合适、相称的样子。出于：超过。天道：自然的规律。④ 一……统一。『而其心』句：而他内心认为周朝的灭亡在于诸侯势力的强大。其：指秦始皇。封建：帝王分封土地给诸侯，使其建立邦国。郡县：秦始皇统一六国后为加强中央集权而实行的一种制度。分全国为三十六郡。兵革：兵器，甲胄。引申为战争。陇亩：田野。卒：终于，最终。社稷：代指国家政权。⑤ 惩：以为鉴戒。建：确立地位。庶孽：庶子，妾所生的儿子。篡弑：杀君夺位。⑥ 武、宣：指汉武帝（前140～前87）和汉宣帝（前73～前49）在位统治时期。剖析：辨别，分析。势：势力，力量。『而王莽』句：然而王莽终于动摇了汉朝的国统。⑦ 『光武』句：东汉光武帝以西汉末的哀帝、平帝为鉴，三国魏以东汉为鉴，西晋以魏为鉴。『各惩』句：各借鉴它们所以灭亡的原因而加以防备。⑧ 『唐太宗』二句：指唐太宗贞观二十二年，秘记（谶纬之类的书籍）盛传隐语，说唐三世之后，女主武氏代有天下。太宗李世民密问太史令李淳风，秘记所传是否可靠？李淳风回答说，我仰观天象、俯察历数，其人已在陛下宫中，将来当王天下，杀尽唐王子孙。太宗说，把疑似的人全部杀了。武氏：武则天，太宗时入宫，后为高宗皇后，废中宗、睿宗，自称圣神皇帝，改国号为周。⑨『宋太祖』二句：指宋太祖赵匡胤（yìn）鉴于五代藩镇割据、将领拥兵自重的教训，先后在建隆二年和开宝二年以高官厚禄为条件，解除了禁军将领石守信等的兵权，罢免了王彦超、郭从义等节度使，从而消除了藩镇割据的隐患。易制：容易控制。子孙卒困于敌国：指宋代为防止军事将领拥兵

古文观止

卷十二 金、元、明文

六一五

古文觀止 卷十二 金、元、明文

自重、尾大不掉，频频调换将领，造成兵不知将、将不知兵的局面，军力大损，后来发生了『靖康之难』。⑩出人之智：超出一般人的智慧。盖世之才：压倒世人的才能。盖，盖过，超过。几：征兆，迹象。审：周密，详细。切：靠近。谋：调理，治理。⑪『岂工于』二句：难道是擅长使人生存却不擅调理子孙吗？原来是善于治理人却不擅治理天啊！工：善于，擅长。⑫智虑：智慧深虑。周：周全，细密。法术：治理国家的方法、手段。制：控制，掌控。肆：放纵。至诚：诚，真实无妄。大德：指人的最高品德。眷：眷顾，关照。释：舍弃。⑬至愚：极为愚笨。不肖：不才，不贤。遽（jù）：突然。⑭苟：假若，如果。区区：形容微不足道。笼络：使用手段来拉拢、控制。当世之务：当世之事。天道：天意。

亲政篇 ①

王鏊

作者简介

王鏊（1450～1524），明代名臣、文学家。字济之，吴（今属江苏）人。年十六随父读书。国子监诸生争相传诵他的文章，称为『天下士』。明成化（1465～1487）进士，授编修，官至吏部右侍郎、户部尚书、文渊阁大学士、少傅。与韩文诸大臣请诛刘瑾『八党』，未果，四年求致仕。居家十四年。死后谥号文恪。

王鏊博学而有识鉴，议论畅明。著有《震泽集》。

原文

《易》之『泰』曰：『上下交而其志同。』其『否』曰：『上下不交而天下无邦。』盖上之情达于下，下之情达于上，上下一体，所以为泰。②下之情壅阏而不得上闻，上下间隔，虽有国而无国矣，所以为否也。交则泰，不交则否，自古皆然。③而不交之弊未有如近世之甚者。君臣相见，止于视朝数刻；上下之间，章奏批答相关接、刑名法度相维持而已。④非独沿袭故事，亦其地势使然。何也？国家常朝于奉天门，未尝一日废，可谓勤矣。⑤然堂陛悬绝，威仪赫奕，御史纠仪，鸿胪举不如法，通政司引奏，上特视之，谢恩见辞，惴惴而退，上何尝治一事，下何尝进一言哉？⑥此无他，地势悬绝，所谓堂上远于万里，虽欲言无由言也。⑦

愚以为：欲上下之交，莫若复古内朝之法。盖周之时有三朝：库门之外为正朝，询谋大臣在焉；路门之外为治朝，日视朝在焉；路门之内曰内朝，亦曰燕朝。⑧《玉藻》云：『君日出而视朝，退适路寝听政。』⑨汉制：大司马、左右前后将军、侍中散骑诸吏，为中朝；丞相以下至六百石为外朝。盖视朝而见群臣，所以正上下之分；听政而适路寝，所以通远近之情。⑩唐皇城之北，南三门曰承天，元正、冬至，受万国之朝贡则御焉，盖古之外朝也；其北曰太极门，其西曰太极殿，朔望则坐而视朝，盖古之正朝也；又北曰两仪殿，常日听朝而视事，盖古之内朝也。⑪宋时常朝则文德殿，五日一起居则垂拱殿，正旦、冬至、圣节称贺则大庆殿，赐宴则紫宸殿或集英殿，试进士则崇政殿。侍从以下，五日一员上殿，谓之轮对，则必入陈时政利害。内殿引见，亦或赐坐，或免穿靴，盖亦有三朝之遗意焉。⑫

盖天有三垣，天子象之。正朝，象太极也；外朝，象天市也；内朝，象紫微也。⑬自古然矣。

国朝圣节、正旦、冬至，大朝会则奉天殿，即古之正朝也；常日则奉天门，即古之外朝也；而内朝独缺。然非缺也，华盖、谨身、武英等殿，岂非内朝之遗制乎？⑭洪武中如宋濂、刘基，永乐以来如杨士奇、

杨荣等，日侍左右；大臣寒义、夏原吉等，常奏对便殿。于斯时也，岂有壅隔之患哉？今内朝未复，临御常朝，之后人臣无复进见。三殿高闷，鲜或窥焉。故上下之情壅而不通，天下之弊由是而积。孝宗晚年深有慨于斯，屡召大臣于便殿，讲论天下事。方将有为，而民之无禄，不及睹至治之美，天下至今以为恨矣。⑰

唯陛下远法圣祖，近法孝宗，尽划近世壅隔之弊。常朝之外，即文华、武英二殿，仿古内朝之意。大臣三日或五日一次起居，侍从、台谏各一员上殿轮对。⑱诸司有事咨决，上据所见决之；有难决者，与大臣面议之。不时引见群臣，凡谢恩辞见之类，皆得上殿陈奏。虚心而问之，和颜色而道之，如此，人人得以自尽。⑲陛下虽身居九重，而天下之事灿然毕陈于前。外朝所以正上下之分，内朝所以通远近之情。如此，岂有近时壅隔之弊哉。唐虞之时，明目达聪，嘉言罔伏，野无遗贤，亦不过是而已。⑳

选自《震泽集》卷二十

注释

① 亲政：旧制，君主幼年即位，由太后听政，或由摄政大臣摄政，待君王成年后，才开始亲自裁决政务。② 《易》：《周易》的简称，又称《易经》，我国古代有哲学思想的占卜书。泰：易卦名，卦象为乾下坤上，为上下交通之象。『上下』句：《易经·泰卦》的经文。否（pǐ）：易卦名，卦象为坤下乾上，表示天地不交、上下隔阂、闭塞不通之象。『上下不交』句：《易经·否卦》的经文。③ 壅阏（è）：阻塞。交则泰：指上下相交就通畅。④ 视朝：君王临朝听政。刻：古代计时单位，一昼夜分一百刻，每刻相当于十四分二十四秒。『章奏』二句：不过是奏章、上书、批示对应相交接；刑罚刑律、法令制度相互维系罢了。

⑤故事：先例，旧时的典章制度。地势、地位，权势。朝：朝见的地方。奉天门：明代殿前中门。未尝：从来没有。⑥堂陛（bì）悬绝：原意是指正厅和台阶的位置相差悬殊。引申指君主的臣下的地位相差悬殊。威仪赫奕：仪仗威严显要。御史纠仪：御史官督察纠正礼仪。鸿胪：通政司，通政使司的简称，俗称银台，掌管章奏。特：单独。见辞：谒见，拜辞。⑦无他：没有别的。地势悬绝：指地位悬殊。无由：无从，无法。⑧内朝：周时提出，举出。不如：不依从。法：律令，法条。通政司……古代掌管传导朝贺庆吊之礼的官员。举……内朝有二，一在路门外，是处理政务和休息的地方。库门：宫最外之门。询谋：谋于众人。路门：宫中最里面的门。治朝、内朝之一，是每日处理政务之朝。曰：每天。⑨玉藻：《礼记》中的篇名。适：住。路寝：天子、诸侯的正室。是处理政事和入寝的处所。正上下之分：整治确定上下的名分。听政：处理政务。⑩大司马：古代掌管军事的官员。将军：武官名。侍中：为自列侯以下至郎中的加官，无定员。散骑：皇帝的骑从。六百石（dàn）：石，古代容量单位，十斗为石。六百石指俸禄为可买六百石粮食的官员。⑪元正：元旦，即农历正月初一。朝贡：朝见进贡。朔望：农历每月初一叫朔，十五叫望。『常日』句：平日听政、治事、任职。⑫常朝：指平时临朝听政。起居：宋朝按照后唐明宗的制度，每五天群臣随宰相入朝见皇帝，叫做『起居』。正旦：元旦。圣节：指皇帝、皇后、皇太后等人诞辰的节日。赐宴：君王赐群臣宴集。试进士：考试进士。『轮当面对』的简称。宋太祖建隆三年（962），初定百官每五天轮一人上殿，指陈时政得失。『侍从』两句：皇帝周围的侍从官员以下，五天轮一人到内殿。轮对：制度，天子分内外三朝。遗意：前人遗留下来。⑬三垣：古代天文学家将天体的恒星分为太微垣、紫微垣和天市垣。太极：指原始混沌之气。天市：星名，见三垣。⑭国朝：本朝。这里指明朝。朝会：臣属朝见

古文观止

卷十二 金、元、明文

六一九

古文觀止 卷十二 金、元、明文

瘞旅文[1]

王守仁

君主。春见为朝，时见为会。遗制：遗留后世的制度。⑮洪武：明太祖朱元璋的年号（1368～1398）。永乐：明成祖朱棣的年号（1403～1424）。奏对：臣僚当面回答君王提出的问题。便殿：正殿以外其他的殿，是帝王休息的地方。⑯临御：指皇帝上朝处理国政。常朝：皇帝平时朝见群臣的地方。无复：不再有。高闶（bì）：指深门闭户。鲜：少。⑰孝宗：指明孝宗朱祐樘（chēng）。方将：正在，正要。有为：有所作为。无禄：无福，不幸。至治之美：最完好的政治之美。恨：遗憾。⑱远法圣祖：追远效法圣明的太祖。划（chǎn）：废除。台谏：台，台官，指御史台官员；谏，谏官，指谏议大夫、给事中等。⑲诸司：指朝廷官署各部门。咨决：征询决定意见。决，决断，决定。不时：随时。陈奏：陈述禀奏。自尽：自己竭尽心力。⑳九重：帝王所居宫禁之地。灿然：清楚，明白。毕：全，都。唐虞：陶唐氏和有虞氏，代指尧、舜。聪：指听觉灵敏。罔伏：不隐匿。罔，不。是：这样。

作者简介

王守仁（1472～1528），明代哲学家、教育家。字伯安，余姚（今属浙江）人。世称阳明先生。弘治十二年（1499）进士。正德初（1506），以论忤宦官刘瑾，谪贵州龙场驿丞。刘瑾伏诛后，王守仁移庐陵知县，擢右佥都御史，授刑部主事，转兵部尚书。死后谥号文成。他继承并发展了宋代理学家陆九渊的心说，提出「致良知」学说和「知行合一」与「知行并进」说。其学被称为「阳明学」或「王学」，在明代中

古文观止 卷十二 金、元、明文

期以后影响非常大，后来传到了日本。著有《王文成公全书》。

原文

维正德四年秋月三日，有吏目云自京来者，不知其名氏。携一子一仆将之任，过龙场，投宿土苗家。予从篱落间望见之，阴雨昏黑，欲就问讯北来事，不果。明早，遣人觇之，已行矣。薄午，有人自蜈蚣坡来云："一老人死坡下，傍两人哭之哀。"予曰："此必吏目死矣。伤哉！"薄暮，复有人来云："坡下死者二人，傍一人坐哭。"询其状，则其子又死矣。明日，复有人来云："见坡下积尸三焉。"则其仆又死矣。呜呼伤哉！

念其暴骨无主，将二童子持畚锸往瘗之。二童子有难色然。予曰："噫！吾与尔犹彼也。"二童悯然涕下，请往。就其傍山麓为三坎，埋之。又以只鸡、饭三盂，嗟吁涕洟而告之曰：呜呼伤哉！繄何人？繄何人？吾龙场驿丞余姚王守仁也。吾与尔皆中土之产，吾不知尔郡邑，尔乌乎来为兹山之鬼乎？古者重去其乡，游宦不逾千里。吾以窜逐而来此，宜也；尔亦何辜乎？闻尔官吏目耳，俸不能五斗，尔率妻子躬耕可有也。乌为乎以五斗而易尔七尺之躯？又不足，而益以尔子与仆乎？呜呼伤哉！尔诚恋兹五斗而来，则宜欣然就道，乌为乎吾昨望见尔容蹙然，盖不胜其忧者？夫冲冒霜露，扳援崖壁，行万峰之顶，饥渴劳顿，筋骨疲惫，而又瘴疠侵其外，忧郁攻其中，其能以无死乎？吾固知尔之必死，然不谓若是其速，又不谓尔子尔仆亦遽然奄忽也！皆尔自取，谓之何哉！吾念尔三骨之无依而来瘗耳，乃使吾有无穷之怆也！呜呼伤哉！纵不尔瘗，幽崖之狐成群，阴壑之虺如车轮，亦必能葬尔于腹，不致久暴尔。尔既已无知，然吾何能为心乎？自吾去父母乡国而来此三年矣，历瘴毒而苟能自全，以吾未尝一日之戚戚也。今悲伤若此，是吾为尔者重，而自为者轻也。吾不宜复为尔悲矣。吾为尔歌，尔听之！歌曰：

连峰际天兮飞鸟不通，游子怀乡兮莫知西东。莫知西东兮维天则同，异域殊方兮环海之中。达观随寓兮莫必予宫，魂兮魂兮无悲以恫！⑬

又歌以慰之曰：

与尔皆乡土之离兮，蛮之人言语不相知兮。性命不可期，吾苟死于兹兮，率尔子仆来从予兮，吾与尔遨以嬉兮。骖紫彪而乘文螭兮，登望故乡而嘘唏兮。吾苟获生归兮⑭，尔子尔仆尚尔随兮，无以无侣为悲兮！尔道旁之冢累累兮，多中土之流离兮，相与呼啸而徘徊兮。餐风饮露，无尔饥兮；朝友麋鹿，暮猿与栖兮。尔安尔居兮，无为厉于兹墟兮！⑮

选自《王文成公全书》卷二十五

注释

① 这是一篇祭文。瘗（yì）：埋葬。旅：行旅之人。② 维：语首助词，无实义。正德四年：明武宗朱厚照的年号，公元1509年。吏目：明代九品官。知州之下设吏目一人，掌管出纳文书或分领州事。之任：到任所去。之，到，往。龙场：驿站名，在今贵州修文境内。土苗家：世代居住在这里的苗族家庭。③ 篱落：篱笆。就：接近，靠近。问讯北来事：询问从北方来的事由。不果：没有实现。觇（chān）：窥视，察看。④ 薄午：迫近正午。薄，迫近，接近。蜈蚣坡：地名。傍：旁边，侧边。薄暮：傍晚，太阳要落山之时。询其状：打听当时的情状。询，咨询，打听。呜呼伤哉：悲伤啊！⑤ 暴（pù）：骨无主：暴露的尸骨没有人来认领。畚（běn）：古代一种用蒲草编织的用来盛放东西的器具。锸（chā）：锹。瘗：埋葬。有难色然：显出

为难的样子。尔……你，你们。彼……他们。⑥悯然……忧伤的样子。山麓……山脚。坎……坑。盂(yú)……盛汤浆的器皿。嗟吁……表忧叹。涕洟(yí)……即鼻涕。繄(yī)……感叹词，无实义。驿丞……明清州县驿站设驿丞，掌管驿站车马邮传、迎送等事务。余姚王守仁……余姚的王守仁。王守仁是浙江余姚人，因以自称。⑦尔……你，中土之产……中原出生的。乌乎……为什么。兹山……这座山。兹，这。重去其乡……看重离开他的家乡。去，离开。⑧『闻尔』二句……听说你的官职不过是吏目，俸禄不满五斗。不能……不到。『尔率妻子』句……你领着妻子儿女亲自耕作也能够做游宦……游说来求得做官。逾……超过，越过。窜逐……放逐。宜……当然。何辜……什么罪过到有余。『乌为乎』句……为什么要为那五斗俸禄而换你七尺之身躯呢？不足……还不够。益以……加以，增多。⑨诚……确实，的确。欣然就道……高高兴兴地上路。蹙(cù)然……皱眉，愁眉苦脸的样子。不胜其忧……忧愁悲伤得使人无法忍受。不胜，不尽。⑩冲冒……顶着，冒着。扳援……抓着东西往上爬。瘴疠……因湿热产生瘴气引起的疾病。忧郁……忧虑。不谓……不料，没有料到。若是……像这样。遽然……突然。奄忽……死亡。⑪念……惦念，挂念。无穷之怆(chuāng)……无尽的悲伤。怆，悲伤。纵不尔瘗……即『纵不瘗尔』，意为即使不埋葬你。幽崖……幽静的崖上。阴壑……背阴的山谷。虺(huǐ)……指毒蛇。暴(pù)……暴露，显露。⑫父母乡国……父母所在的家乡。苟能自全……苟且能保自身的安全。戚戚……忧虑的样子。重……分量大。自为……为自己。不宜……不应该。⑬维天则同……天空是一样圆的。维，发语词，无实义。异域殊方……指边远的异乡。环海之中……指中国等既然死去已经没有了知觉，但我怎能忍心这样做呢？既已……已经。为心……忍心。达观随寓……抱着通达的姿态随处可居。宫……指家室。无悲以恫……不要悲伤忧郁。恫，痛。⑭不可期……不能够规定期限。骖(cān)……三马或四马驾车时，位于两旁的马称『骖』。紫彪……一种斑纹为紫色的小虎。文螭

古文观止 卷十二 金、元、明文

（chī）……一种有斑斓花纹的龙。嘘唏……叹息，哽咽。中土之流离……来自中原的流落失散的人们。呼啸而徘徊……呼唤回旋。朝友麋鹿……早晨与麋鹿做朋友。暮猿与栖……晚上和猿猴栖息在一起。"无为厉"句……不要在这村落里造成祸患啊！无为……不必，无需。厉……灾疫，恶鬼。兹墟……这个土丘。兹，这。⑮生归……生还。无以……不要认为。冢……指高大的坟墓。

项脊轩志 ①

归有光

作者简介

归有光（1506~1571），明代著名散文家，字熙甫，人称震川先生。昆山（今属江苏）人。嘉靖年间进士。官湖州长兴知县、南京太仆寺丞，参与编修《世宗实录》。曾长期在嘉定读书讲学。论文力排王世贞等前后七子"文必秦汉"的拟古主义文风，与唐顺之、王慎中、茅坤等同被称为"唐宋派"。所作散文风格质朴，善于叙事，很为当时人所推重。著有《震川集》。

原文

项脊轩，旧南阁子也。室仅方丈，可容一人居。百年老屋，尘泥渗漉，雨泽下注；每移案，顾视无可置者。②又北向不能得日，日过午已昏。余稍为修葺，使不上漏。前辟四窗，垣墙周庭，以当南日。日影反照，室始洞然。③又杂植兰桂竹木于庭，旧时栏楯，亦遂增胜。积书满架，偃仰啸歌，冥然兀坐，万籁有声。④而庭阶寂寂，小鸟时来啄食，人至不去。三五之夜，明月半墙，桂影斑驳，风移影动，珊珊可爱。⑤

然居于此，多可喜，亦多可悲。先是庭中通南北为一，迨诸父异爨，内外多置小门墙，往往而是。⑥东犬西吠，客逾庖而宴，鸡栖于厅。庭中始为篱，已为墙，凡再变矣。⑦家有老妪，尝居于此。妪，先大母婢也。乳二世。先妣抚之甚厚。室西连于中闺，先妣尝一至。⑧妪每谓予曰："某所，而母立于兹。"妪又曰："汝姊在吾怀，呱呱而泣；娘以指扣门扉，曰：'儿寒乎？欲食乎？'吾从板外相为应答……"语未毕，余泣，妪亦泣。余自束发，读书轩中。一日，大母过余曰："吾儿，久不见若影，何竟日默默在此，大类女郎也？"⑩比去，以手阖门，自语曰："吾家读书久不效，儿之成，则可待乎？"顷之，持一象笏至，曰："此吾祖太常公宣德间执此以朝，他日汝当用之。"瞻顾遗迹，如在昨日，令人长号不自禁。⑪

轩东，故尝为厨，人往，从轩前过。余扃牖而居，久之，能以足音辨人。轩凡四遭火，得不焚，殆有神护者。⑫

项脊生曰："蜀清守丹穴，利甲天下，其后秦皇帝筑女怀清台。刘玄德与曹操争天下，诸葛孔明起陇中。⑬方二人之昧昧于一隅也，世何足以知之？⑭余区区处败屋中，方扬眉瞬目，谓有奇景，人知之者，其谓与坎井之蛙何异？"⑮

余既为此志。后五年，吾妻来归。时至轩中，从余问古事，或凭几学书。吾妻归宁，述诸小妹语曰："闻姊家有阁子，且何谓阁子也？"⑯其后六年，吾妻死，室坏不修。其后二年，余久卧病无聊，乃使人复葺南阁子，其制稍异于前。然自后，余多在外，不常居。庭有枇杷树，吾妻死之年所手植也，今已亭亭如盖矣。⑰

选自《震川集》卷十七

卷十二 金、元、明文

六二五

古文觀止 卷十二 金、元、明文

注释

①项脊轩：作者归有光的书斋名。志：古代的一种记述人或事的文章。②阁子：楼阁，房间上部架起的一层矮楼。方丈：一丈见方。渗漉：水往下渗透。雨泽：雨露。移：挪动。案：古人供休息用的低而窄的床。顾视：回头环视。顾，回头看。置：放置，摆放。③北向：朝北的窗户。修葺：修缮，修理。垣墙周庭：矮的围墙环绕庭堂。当：面对。洞然：贯穿开通的样子。④杂植：混种。栏楯：栏杆，横直的为栏，纵的为楯。增胜：增添美好。胜，美好，优美。冥然兀坐：在昏暗中独自静坐。冥然，昏暗的样子。兀，兀自，独自。万籁：指自然界的各种声响。⑤三五之夜：指农历十五的夜晚。珊珊：形容姿态可爱。桂影：指月光，传说月中有桂树，故名。风移影动：风吹动树的枝叶，月光照射的树影也随之晃动。⑥中通南北：从中间贯通南北。迨：到。诸父：伯叔父。异爨(cuàn)：指分开吃饭。爨，设置，建造。往往而是：到处是这样。⑦逾庖：穿越过厨房。逾，越过。已：不久。再变：两次变更。再，两次。⑧大母：祖母。先妣：已死去的母亲。呱呱而泣：指婴儿的啼哭声。扉：门扇。应答：答应，对答。⑨某所：我所在的地方。某，我。而母：你的母亲。而，你的。兹：这。⑩束发：古人以十五岁为成童之年，把头发束起盘头顶。比：等到。比去：等到离开的时候。及：等到。阖门：关门。⑪象笏：又称象简、手板，大臣朝见君王时所执。太常公：指归有光祖父夏昶。夏昶(chǎng)。夏昶是明永乐年间（1403～1424）进士，曾任太常寺卿。宣德：明宣宗年号（1426～1435）。朝：朝见君主。瞻顾：恭敬地四望。长号：深长地哭喊。⑫故：从前。尝：曾经。扃(jiōng)牖

六二六

《吴山图》记 ①
归有光

原文

吴、长洲二县在郡治所,分境而治。而郡西诸山皆在吴县。其最高者,穹窿、阳山、邓尉、西脊、铜井。②而灵岩,吴之故宫在焉,尚有西子之遗迹。③若虎丘、剑池及天平、尚方、支硎,皆胜地也。而太湖汪洋三万六千顷,七十二峰沉浸其间,则海内之奇观矣。④余同年友魏君用晦为吴县,未及三年,以高第召入为给事中。⑤君之为县有惠爱,百姓扳留之不能得,而君亦不忍于其民,由是好事者绘《吴山图》以为赠。⑥

(yǒu)……关窗户。殆……大概,恐怕。⑬『蜀清』句……据《史记·货殖列传》记载,巴寡妇名清,她的先人得到丹穴(朱砂矿),并靠此获利数世。清很能保守家业。女怀清台……指秦皇帝为巴寡妇清修筑的女怀清台。刘玄德……指三国时的蜀主刘备。玄德是他的字。诸葛孔明……刘备的谋臣诸葛亮。孔明是他的字。起陇中……在陇中这个地方兴起。陇中,当作隆中,在今湖北襄樊、河南南阳一带。⑭昧昧于一隅……指在边沿角落的地方生活而名望不能显明。『世何足』句……世上的人怎么能充分了解他们?⑮区区……形容微不足道。自称的谦词。扬眉瞬目……扬起眉毛,眨动眼睛。其……大概,表推测。谓……说。坎井之蛙……坏井里的青蛙,比喻见识短。⑯『余既为』句……我已经写下这篇志文。从余……跟随着我。或……有时。凭几……靠着小桌。凭,依着,靠着。归宁……回娘家看望父母。述……传述。⑰葺……修葺,修整。其制……它的规制。手植……亲手种下。亭亭如盖……指树的枝叶高高直立,覆盖如伞。

古文觀止　卷十二 金、元、明文　六二七

夫令之于民诚重矣。令诚贤也,其地之山川草木亦被其泽而有荣也;令诚不贤也,其地之山川草木亦被其殃而有辱也。君于吴之山川盖增重矣,异时吾民将择胜于岩峦之间,尸祝于浮屠、老子之宫也固宜。⑧而君则亦既去矣,何复惓惓于此山哉?昔苏子瞻称,韩魏公去黄州四十余年而思之不忘,至以为《思黄州诗》⑨。子瞻为黄人刻之于石。然后知贤者于其所至,不独使其人之不忍忘,而己亦不能自忘于其人也。⑩君今去县已三年矣。一日与余同在内庭,出示此图,展玩太息,因命余记之。噫!君之于吾吴有情如此,如之何而使吾民能忘之也!⑪

注释

① 作者归有光的同榜进士魏用晦曾任吴县知县,政绩颇丰。离任时,有人赠送给了他这幅《吴山图》。三年后,归有光调京,在内庭,魏用晦向归出示此图,并嘱他写了这篇记。② 吴、长洲:均为江苏县名,长洲于公元1922年并入吴县。郡治所:指苏州府治所,在今苏州。穹窿:山名,在吴县西南。阳山:又名秦余杭山、万安山,在吴县西南。邓尉:山名,在吴县西南。西脊:又名西碛山,在邓尉山西。铜井:又名铜坑山,在吴县西南。③ 灵岩:山名,在吴县西。吴之故宫:指吴王夫差在灵岩山为西施建的馆娃宫。西子:西施,中国古代四大美女之一。④ 虎丘:山名,在今苏州。剑池:虎丘山上的池名。天平:山名,在吴县西。尚方:又名上方山,在吴县西南。支硎:又名观音山,晋朝僧人支遁隐居于此,在吴县西南二十五里。沉浸:倒映。⑤ 同年友:同榜考中的榜友。魏君用晦:指魏体明,字用晦,明嘉靖四十四年(1565)任吴县知县。以高第召入:指因吏部考试成绩优秀而被召入朝廷做官。给事中:官名,中央六部各置有都给事中、左右给

选自《震川集》卷十六

信陵君救赵论①

唐顺之

作者简介

唐顺之（1507～1560），明代散文家。字应德，人称荆川先生。武进（今属江苏）人。嘉靖八年（1529）进士。曾督领兵船抵御倭寇，因功升右佥都御史，代凤阳巡抚。以诗文闻名。唐顺之反对"前七子""文必秦汉"的拟古文风，主张师法唐宋散文。其为文汪洋纡折，有唐宋八大家之风。与王慎中、茅坤、归有光等同被称为"唐宋派"。著有《荆川集》。

事中各一人，给事中若干人。明朝给事中的职责，是为都察院派往尚书六部，监察各部政事。⑥"君之为县"句：魏君做县官，对百姓有恩惠慈爱。扳留：攀附挽留。由是：因此。⑦令：县令。诚：确实，的确。被其泽：遍及他的恩泽。被其殃：遍及他的祸殃。⑧盖：大概，表推测。增添重要作用。择胜：选择优美的地方。尸祝：本指主持祭祀的人，这里意为祷告、祝福。浮屠之宫：指寺院。浮屠，佛。固宜：本来应当。固，本来。宜，应当。⑨惓惓：恳切的样子。苏子瞻：即苏轼，子瞻是他的字。韩魏公：指北宋宰相韩琦，封魏国公。黄州：今湖北黄冈。至：达到了极点。思黄州诗：北宋韩琦所作。⑩于其所至：在他所到的地方。"不独"二句：不仅仅使那儿的人们不愿意忘记他，而他自己也不无法忘记那里的人民啊。⑪内庭：宫禁以内。展玩：展示赏玩。太息：深深叹息。因命：于是差遣。吾吴：我们家乡吴地。如之何：把他怎么样，怎么对待他。之，代词"他"。

古文观止 卷十二 金、元、明文

原文

论者以窃符为信陵君之罪，余以为此未足以罪信陵也。② 夫彊秦之暴亟矣，今悉兵以临赵，赵必亡。赵，魏之障也；赵亡，则魏且为之后。赵魏，又楚燕齐诸国之障也；赵魏亡，则楚燕齐诸国为之后。天下之势，未有岌岌于此者也。故救赵者，亦以救魏；救一国者，亦以救六国也。窃魏之符以纾魏之患，借一国之师以分六国之灾，夫奚不可者？④

然则信陵果无罪乎？曰：又不然也。余所诛者，信陵君之心也。信陵，一公子耳。魏固有王也。赵不请救于王，而谆谆焉请救于信陵，是赵知有信陵不知有王也。平原君以婚姻激信陵，而信陵亦自以婚姻之故欲急救赵，是信陵知有婚姻不知有王也。其窃符也，非为魏也，非为六国也，为赵焉耳；非为赵也，为一平原君耳。⑥

使祸不在赵而在他国，则虽撤魏之障，撤六国之障，信陵亦必不救。使赵无平原，或平原而非信陵之姻戚，虽赵亡，信陵亦必不救。⑦ 则是赵王与社稷之轻重不能当一平原公子，而魏之兵甲所恃以固其社稷者，只以供信陵君一姻戚之用。⑧ 幸而战胜，可也；不幸战不胜，为虏于秦，是倾魏国数百年社稷以殉姻戚，吾不知信陵何以谢魏王也？⑨ 夫窃符之计，盖出于侯生，而如姬成之也。侯生教公子以窃符，不知有王也。如姬为公子窃符于王之卧内，是二人亦知有信陵不知有王也。⑩

余以为信陵之自为计，曷若以唇齿之势激谏于王。不听，则以其欲死秦师者而死于魏王之前，王必悟矣。⑪ 侯生为信陵计，曷若见魏王而说之救赵。不听，则以其欲死信陵君者而死于魏王之前，王亦悟矣。如姬有意于报信陵，曷若乘王之隙而日夜劝之救。⑫ 不听，则以其欲为公子死者而死于魏王之前，王亦必悟

春泉小隐图　明·周臣

此作是周臣画图的主人裴春泉隐居小憩的情景。画中环境清静幽美，确为理想的隐居之处。该图布局疏密有序，人物景致描写严谨准确，墨色富于变化。此幅图既有南宋院体画风貌，又有自己特点。

矣。如此，则信陵君不负魏，亦不负赵；二人不负王，亦不负信陵君。何为计不出此？信陵知有婚姻之赵不知有王。内则邻国，贱则夷门野人，又皆知有公子不知有王，则是魏仅有一孤王耳。⑬

呜呼！自世之衰，人皆习于背公死党之行，而忘守节奉公之道，有重相而无威君，有私雠而无义愤，如秦人知有穰侯不知有秦王，虞卿知有布衣之交不知有赵王，盖君若赘旒久矣。⑭

由此言之，信陵之罪固不专系乎符之窃，不窃也。其为赵也，为六国也，纵窃符犹可。其为魏也，为一亲戚也，纵求符于王而公然得之，亦罪也。

虽然，魏王亦不得为无罪也。兵符藏于卧内，信陵亦安得窃之？信陵不忌魏王而径请之如姬，其素窥魏王之疏也。⑯如姬不忌魏王而敢于窃符，其素恃魏王之宠也。木朽而蛀生之矣。古者人君持权于上，而内外莫敢不肃，则信陵安得树私交于赵，赵安得私请救于信陵？如姬安得衔信陵之恩？信陵安得卖恩于如姬？履霜之渐，岂一朝一夕也哉。⑰

由此言之，不特众人不知有王，王亦自为赘旒也。故信陵君可以为人臣植党之戒，魏王可以为人君失权之戒。《春秋》书葬原

古文观止

卷十二　金、元、明文

仲、鞶师师。嗟夫，圣人之为虑深矣。⑱

注释

① 信陵君：即战国时魏公子无忌。他是魏安釐王的异母弟，也是战国时礼贤下士、豢养门客数千人的『四君子』之一。魏安釐王的宠妾如姬的父亲为仇人所杀，如姬想要报仇三年都没能实现。信陵君派刺客帮她报了仇。秦国急围赵国都城邯郸，魏军出兵将领晋鄙中途屯兵观望。赵国的平原君赵胜向妻弟信陵君求救援。信陵君通过魏王的宠妾如姬窃得到能够调遣军队的虎符，击杀统兵的将军晋鄙，率领魏军救了赵国，击退了秦军。② 论者：发议论的人。窃符：窃取虎符。虎符是古代调兵遣将的凭证，由君王和统帅各执一半。以为：认为。未足以：不足以。罪：怪罪，归罪于。③ 彊：强。暴巫：形容极其残暴。悉兵：倾尽全部军力。悉，全，都。临赵：到赵国。障：屏障。为之后：步后尘。楚燕齐诸国：战国时，燕赵韩魏齐楚等国在函谷关之东以拒秦国。赵魏韩国紧邻秦国。赵魏韩如果灭亡，必定会危及楚燕齐诸国。④ 势：形势，情势。岌岌：危险的样子。纾(shū)：解除。患：祸害，灾难。奚不：何不，怎么不。⑤ 然则：那么。诛：谴责，责问。固：本来。请救：请求给予救援。谆谆：执著。⑥ 平原君：战国时的『四君子』之一的赵胜，是赵惠文王的弟弟。他曾三度任赵相。婚姻：平原君的夫人是信陵君的姊姊，所以说平原君与信陵君有姻亲关系。激：激励，激发。⑦ 使：假使，假如。祸：灾害，灾难。他国：指前述的『楚燕齐诸国』。则：那么。⑧ 则是：就是，表肯定的语气。姻戚：姻亲。当：抵得上，与之相应。兵甲：武器，武备。恃：倚仗，倚赖。以固：用来巩固。以，用来。社稷：代指国家。⑨ 幸而：侥幸，为虏于秦：被秦军俘虏。殉……

选自《唐荆川集》

从葬，陪葬。何以⋯⋯以何，用什么。谢⋯⋯谢罪。⑩侯生⋯⋯侯嬴，魏国人，年七十任大梁（今河南开封）夷门守门吏。后为信陵君门客，给信陵君献计请如姬窃取了魏王的兵符。成⋯⋯完成，实现。卧内⋯⋯卧室。⑪『余以为』二句⋯⋯我认为要是信陵君自己拿主意的话，为什么不用唇亡齿寒的利害关系去激励劝谏魏王呢？自为⋯⋯自己作为，自己所做。曷若⋯⋯何如。唇齿之势⋯⋯比喻彼此相依、利害相关。欲死秦师者⋯⋯打算与秦国军队拚死的人。⑫为信陵计⋯⋯为信陵君考虑。『则以』句⋯⋯就用他打算为信陵君而死的想法，改为在魏王面前以死相谏。隙⋯⋯空，闲。⑬负⋯⋯辜负。何为⋯⋯为什么。幸⋯⋯宠幸的。夷门野人⋯⋯指侯嬴。野人，指没有官职的平民。孤王⋯⋯孤立无援的君王。⑭背公死党之行⋯⋯指违背公共利益、尽死力于朋党的行为。守节奉公之道⋯⋯遵守礼节、承受公命的道理。重相⋯⋯指权大势重的宰相。威君⋯⋯有威势的君主。私雠（chóu）⋯⋯即私敌。义愤⋯⋯由正义而激起的愤怒。穰（ráng）侯⋯⋯即楚人魏冉，为秦昭王母宣太后的异父弟。虞卿⋯⋯战国时人，以布衣身份进说赵孝成王，被任为上卿，故称虞卿。长平之战前，他建议联合楚、魏，迫使秦媾和，成王不听，最终赵国在长平大败。布衣之交⋯⋯指虞卿为了解救朋友魏齐，情愿抛弃相印，与魏齐一起出走这件事。赘旒（㊂）⋯⋯多余的东西。旒，同『瘤』。比喻君主大权旁落，被大臣挟制。⑮固⋯⋯本来。专系⋯⋯单纯归结于。纵⋯⋯即使，即便。犹⋯⋯还。公然⋯⋯公开。⑯虽然⋯⋯即使是这样。不得为⋯⋯不能谓之。『信陵』二句⋯⋯信陵君不害怕魏王而直接恳求如姬，说明他平时就窥探到魏王的疏忽之处。不忌⋯⋯不顾忌。径⋯⋯径直，直接。素⋯⋯一向，平素。⑰蛀⋯⋯蛀虫，啮蚀器物的小虫。『古者』二句⋯⋯古代的国君在上，手握大权，因而宫廷内外没有谁敢不肃然听命的。持权⋯⋯掌握权力。肃⋯⋯恭敬。树私交⋯⋯建立个人的交往。衔⋯⋯心怀。卖恩⋯⋯用恩惠笼络别人。履霜之渐⋯⋯踩到了霜，那么寒冬即将来临。这里比喻掌握规律，防患于未然。履，

《青霞先生文集》序①

茅坤

作者简介

茅坤（1512~1601），明代散文家、藏书家。字顺甫，号鹿门，浙江归安（今吴兴）人。嘉靖十七年（1538）进士，官礼部主事、广西兵备佥事等。曾镇压广西瑶民起义。后进入胡宗宪幕府，共同商讨抗倭的计策。擅作古文，与王慎中、唐顺之、归有光等同被称为"唐宋派"。论文不满明代后七子"文必秦汉"、专尚形似的拟古主张，提倡学习唐宋古文。曾编选《唐宋八大家文钞》，尤其推崇韩愈、欧阳修、苏轼。著有《茅鹿门集》。

原文

青霞沈君，由锦衣经历上书诋宰执。宰执深疾之，方力构其罪。赖天子仁圣，特薄其谴，徙之塞上。② 当是时，君之直谏之名满天下。已而，君累然携妻子出家塞上。③ 会北敌数内犯，而帅府以下束手闭垒，以恣敌之出没，不及飞一镞以相抗。甚且及敌之退，则割中土之战没者与野行者之馘以为功。④ 而父之哭其子、妻之哭其夫、兄之哭其弟者，往往而是，无所控吁。君既上愤疆场之日弛，而又下痛诸将士日菅刈我人民以蒙国家也。⑤数呜咽唏嘘，而以其所忧郁发之于诗歌文章，以泄其怀，即集中所载诸什是也。君故以直谏为重于时，而其所著为诗歌文章，又多所讽刺，稍稍传播，上下震恐，始出死力相煽构，而君之祸作矣。⑥

君既没，而一时闻寄所相与逸君者，寻且坐罪罢去。又未几，故宰执之仇君者亦报罢。而君之门人给谏俞君，于是哀辑其生平所著若干卷刻而传之，而其子以敬来请予序之首简。⑦

茅子受读而题之曰：若君者，非古之志士之遗乎哉！孔子删《诗》，自《小弁》之怨亲，《巷伯》之刺逸以下，其忠臣、寡妇、幽人、怼士之什，并列之为『风』，疏之为『雅』，不可胜数。岂皆古之中声也哉？⑧然孔子不遽遗之者，特悯其人，矜其志，犹曰『发乎情，止乎礼义』，『言之者无罪，闻之者足以为戒』焉耳。⑨

予尝按次春秋以来，屈原之《骚》疑于怨，伍胥之谏疑于胁，贾谊之疏疑于激，叔夜之诗疑于愤，刘蕡之对疑于六，然推孔子删《诗》之旨而哀次之，当亦未必无录之者。⑩君既没，而海内之荐绅大夫至今言及君，无不酸鼻而流涕。呜呼！集中所载《鸣剑》、《筹边》诸什，试令后之人读之，其足以寒贼臣之胆，而跃塞垣战士之马。而作之忾也，固矣。他日国家采风者之使出而览观焉，其能遗之也乎？⑪

予谨识之。至于文词之工不工，及当古作者之旨与否，非所以论君之大者也，予故不著。⑫

选自《青霞集》卷首

注释

① 青霞先生：沈錬（liàn），号青霞，会稽（今浙江绍兴）人。曾任锦衣卫经历。他为人刚直，曾上书皇帝，历数奸相严嵩十大罪状，被廷杖四十大棍，贬佃戍保安州（今陕西志丹）。后受严嵩党徒杨顺、路楷诬陷，于嘉靖三十六年（1557）被杀。后来，严嵩、杨顺相继倒台，《青霞先生文集》才有了刊刻的机会。这篇序文是在沈錬被杀六年后写的。② 锦衣：指锦衣卫，全称锦衣亲军都指挥使司，明官署名，原为护卫皇帝的亲军，兼管刑狱，有巡察缉捕的权力。经历：掌衙门案牍和管辖吏员的首领官，正八品。诋：指责。宰执：这里指大学士严嵩。疾：怨恨。方：正当。构：构陷，指捏造罪名陷害人。仁圣：仁慈圣明。薄：轻微。谴：贬谪。徙之塞上：沈錬因揭发严嵩父子的罪状，被廷杖数十大板，谪佃保安州。徙：流放。③ 当是时：在这个时期。已而：随即，不久。累然：牵连，连累。出家：指把家从塞内迁到塞外。④ 会：适逢，恰逢。北敌：指当时北方元朝后裔鞑靼可汗俺答汗。内犯：侵犯内地。恣：任凭，听任。飞一镞：指发一箭。『甚且』二句：甚至还到了敌寇退兵后，就割下发生在中原地区战死者与在郊野行走的人的耳朵去冒充有功。甚且：甚至还。中土之战：指发生在中原地区的战争。没者：指战死的人。野行者：在郊野行走的人。⑤ 无所……的地方。控吁：控诉呼告。疆场（yì）：国境，边境。弛：放松，松懈。鬻刈（jiānyì）：原意是割草，这里指杀人就像割草一样。刈，割。蒙：欺骗。⑥ 呜咽：哭泣声。嗐嘘：抽噎。诸什：各卷诗文。诗经以十篇为一卷，叫做什。作：开始。⑦ 没：同『殁』，死。为重于时：在当时为天下所敬重。稍稍：渐渐，逐渐。煽构：鼓动陷害。这里指陷害沈錬的总督杨顺。寻：随后，闻（kǔn）：寄，闻，指门槛，引申为国门，指把军权委托给武将。

不久：坐罪：犯罪受判处。罢：罢职，解职。未几：没过多久。给谏：官职给事中的别称。俞君：人名，不详。裒(póu)辑：汇编。以敬：指沈炼的长子沈襄。首简：指篇首。⑧『若君』二句：像沈先生这样的人，难道不就是古代仁人志士传承下来的吗？遗：残存下来的人。孔子删《诗》：《诗》即《诗经》，传说古代流传下来诗有三千多篇，孔子删取后仅剩三百零五篇，也就是流传至今的《诗经》。《小弁》：《诗经·小雅》的篇名，相传是周幽王的太子宜臼之傅所作，怨幽王欲立宠妃褒姒之子伯服为太子。刺谗：讥讽谗言。幽人：隐士。怼(duì)士：《诗经·小雅》的篇名，相传是宫中阉臣被谗受刑后的愤懑之作，是相对于『变声』、『郑卫之音』的『雅乐』。⑨『然孔子』二句：但是孔子不轻易删除它们，特意同情这些人的遭遇。遽：突然。遗：抛弃，引申为删除。悯：怜悯，同情。矜：夸耀。『发乎情』二句：意思是说《诗经》各篇的作者虽然抒发了悲伤、怨刺的情绪，但却没有超越礼仪的界限。⑩按次：考察后排列之。春秋：指东周的春秋时代。《骚》：指战国时楚国屈原所作的《离骚》。疑：好像。怨：怨愤。伍胥之谏：指春秋时吴国大夫伍子胥（楚人）屡次劝吴王夫差灭了越国，最终因受谗言被迫自杀。胁：逼迫，挟持。『贾谊』句：西汉文帝时，洛阳人贾谊受谗被贬为长沙王太傅，后为梁怀王太傅，曾上《陈政事疏》，主张加强中央集权，削弱诸侯王势力，受到权贵排斥，郁郁而终。激：激愤。『叔夜』句：三国魏人嵇康，因不满司马氏集团的统治，隐居不仕遭人构陷，曾作《幽愤诗》，来抒发被诬下狱的悲愤。『刘蕡』句：刘蕡(fén)是唐昌平（今属北京）人，文宗时试贤良对策，他犯颜敢谏，猛烈抨击宦官专权，黜而不被见用。忼：刚直。对：对策。哀次：聚集编排。⑪荐绅大夫：指士大夫有官位删诗的主旨来编选他们的作品，应该也未必不能收录它们。

报刘一丈书①

宗臣

作者简介

宗臣（1525～1560），明代文学家。字子相，号方域。兴化（今属江苏）人。嘉靖二十九年（1550）进士。授刑部主事，谢病辞归，后任稽勋员外郎。因作文祭悼杨继盛，触犯了当时的权臣严嵩，被贬为为福建布政参议，后来因击退倭寇有功，升福建提学副使。诗文主张复古，与李攀龙齐名，为「后七子」之一。著有《宗子相集》。

原文

数千里外，得长者时赐一书，以慰长想，即亦甚幸矣。何至更辱馈遗，则不才益将何以报焉？书中情意甚殷，即长者之不忘老父，知老父之念长者深也。②至以『上下相孚，才德称位』语不才，则不才有深感焉。夫才德不称，固自知之矣。至于不孚之病，则尤不才为甚。③

且今世之所谓孚者，何哉？日夕策马候权者之门，门者故不入，则甘言媚词作妇人状，袖金以私之。④即门者持刺入，而主者又不即出见，立厩中仆马之间，恶气袭衣袖，即饥寒毒热不可忍，不去也。⑤抵暮，则前所受赠金者出，报客曰：『相公倦，谢客矣。客请明日来。』⑥即明日又不敢不来。夜披衣坐，闻鸡鸣即起盥栉，走马抵门。门者怒曰：『为谁？』⑦则曰：『昨日之客来。』则又怒曰：『何客之勤也？岂有相公此时出见客乎？』客心耻之，强忍而与言曰：『亡奈何矣，姑容我入！』门者又得所赠金，则起而入之，⑧又立向所立厩中。幸主者出，南面召见，则惊走匍匐阶下。主者曰：『进！』则再拜，故迟不起，起则上所上寿金。主者故不受，则固请。然后命吏纳之。则又再拜，又故迟不起，起则五六揖，始出。⑩出，揖门者曰：『官人幸顾我，他日来，幸勿阻我也。』门者答揖。⑪大喜，奔出。马上遇所交识，即扬鞭语曰：『适自相公家来，相公厚我，厚我！』且虚言状。⑫即所交识，亦心畏相公厚之矣。相公又稍稍语人曰：『某也贤，某也贤。』闻者亦心计交赞之。此世所谓上下相孚也。长者谓仆能之乎？⑬
前所谓权门者，自岁时伏腊一刺之外，即经年不往也。间道经其门，则亦掩耳闭目，跃马疾走过之，若有所追逐者。⑭斯则仆之褊衷，以此长不见悦于长吏，仆则愈益不顾也。⑮每大言曰：『人生有命，吾惟守分而已！』长者闻之，得无厌其为迂乎？⑯
乡园多故，不能不动客子之愁。至于长者之抱才而困，则又令我怆然有感。⑰天之与先生者甚厚，亡论长者不欲轻弃之，即天意亦不欲长者之轻弃之也。幸宁心哉！⑱

选自《宗子相集》卷七

古文觀止

卷十二 金、元、明文

六三九

古文觀止 卷十二 金、元、明文

注释

① 题目中的刘一丈即刘玠，作者宗臣的父亲宗周的朋友，为宗臣的长辈，又排行第一，故称『一丈』。报：答复，给回信。这篇文章是宗臣写给刘玠的回信。② 长者：性情谨厚的人。时：指前段时间。长想：长久的思念。甚幸：非常幸运。甚，很，非常。『何至』二句：怎么至于承蒙您赠我礼品，让我更不知道用什么来报答您了。何至：怎么至于。辱：谦词，承蒙的意思。馈遗(kuìwèi)：赠送礼物。不才：自谦之词。殷：深厚。③ 『至以』句：至于用『上下相孚，才德称位』来评价不才的我。孚：信任，相信。称：符合。不孚之病：不信任的毛病。尤：尤其，特别。④ 孚者：诚信的人，这里反用之。策马：以鞭打马。『门者』二句：门卫故意不进去通报，他就用甜言蜜语恳求，装出妇人的姿态。门者：守门人。甘言媚词：奉承谄媚的话。袖金：把金子放在袍袖里。私之：暗中送给他（门者）。私，私下，暗中。⑤ 刺：名帖。古代用上书有姓名的木片投递拜访叫刺，明代改用红纸书写，称『名帖』。不即出见：不立即出来见客。厩(jiù)：马棚。去：离开。⑥ 抵暮：到了晚上。抵，至，到。受赠金者：指门卫。报客：告知来宾。谢：推辞。⑦ 望栉(guānzhì)：梳洗。走马：驰马，疾行。为谁：是谁。⑧ 何客之勤：客人怎么这样殷勤。亡奈何：无可奈何，没有办法。姑：暂且。容：容许，允许。向：以前，过去。⑨ 幸：幸好，正好。主者：主人。南面召见：古代以坐北朝南为尊，这里南面召见，有轻视干谒者之意。惊走：快速地趋前。匍匐：伏地而行。故迟不起：故意趴着迟迟不起身。故……故：故作坚决。纳：接受。⑩ 上：进献，送呈。寿金：指献给主者的礼金。寿，把金帛献给人。故固：故意。固请：坚决地请托。固，坚决。⑪ 官人：对有地位的男子的尊称，这里是对看门人的尊称。幸：希望。顾：照顾。答揖：拱手行礼回拜。⑫ 所交识：所

古文观止

卷十二 金、元、明文

蔺相如完璧归赵论①

王世贞

作者简介

王世贞（1526～1590），明代文学家、史学家，字元美，号凤洲、弇州山人。太仓（今属江苏）人。嘉靖二十六年（1547）进士。曾官至南京刑部尚书。后因得罪严嵩，被调外任。父亲因滦河失事被杀。他与弟伏阙讼父冤，使得复父官。后因病辞归。主张文必秦汉，诗必盛唐。但到了晚年主张略有改变。对戏曲也

交往结识的人。 适……刚刚，刚才。 厚……厚待。 虚言状……不真实地诉说当时的情状。 ⑬『即所交识』句……即是所交往结识的人，也心中敬畏相公厚待他。 稍稍……随即。 某……这里指登『权者之门』的『孚者』。 心算……心计。 交赞……交口称赞。 仆……自称的谦词。 ⑭所谓……所说的。 权门者……指豪门权贵。 岁时伏腊……一年中的伏天和腊月。指冬夏一年。 一刺……持帖造访过一次。 经年……历经一年。 间……间或，有时。 疾走……指快步小跑。 ⑮斯……此，这。 褊（biǎn）衷……狭隘的内心。 见悦……被……所取悦。 长吏……泛指上级官长。 若……像，如同。 顾……拜访，看望。 ⑯大言或张扬地说。『人生』二句……人生命运的安排是有定数的，我愈益……更加。 只有安守本分罢了。 守分……安守本分。 得无……表推测。可能，大概。 厌……讨厌，厌恶。 迂……拘执而不通人情。 ⑰乡园……故乡家园。 故……事故。 抱才而困……怀有才能却为贫困所窘。 怆然……悲痛的样子。 句……老天赋予您先生您的才德禀赋很多。『亡论长者』二句……不用说长者您不愿轻易抛弃您的才德禀赋，就是老天也不希望您轻易抛弃它。 幸……希望。 宁心……安心。

古文观止

卷十二 金、元、明文

有研究。著有《弇州山人四部稿》等。

原文

蔺相如之完璧，人皆称之，予未敢以为信也。②

夫秦以十五城之空名，诈赵而胁其璧，是时言取璧者，情也，非欲以窥赵也。③赵得其情则弗予，不得其情则予；得其情而畏之则予，得其情而弗畏之则弗予。此两言决耳，奈之何既畏而复挑其怒也？④

且夫秦欲璧，赵弗欲璧，两无所曲直也。入璧而秦弗予城，曲在秦；秦出城而璧归，曲在赵。⑤欲使曲在秦，则莫如弃璧；畏弃璧，则莫如弗予。夫秦王既按图以予城，又设九宾，斋而受璧，其势不得不予城。⑥璧入而城弗予，相如则前请曰：『臣固知大王之弗予城也。夫璧非赵璧乎？而十五城秦宝也。⑦今使大王以璧故而亡其十五城，十五城之子弟皆厚怨大王以弃我如草芥也。大王弗予城而绐赵璧，以一璧故而失信于天下。⑧臣请就死于国，以明大王之失信！』秦王未必不返璧也。今奈何使舍人怀而逃之，而归直于秦？⑨

是时，秦意未欲与赵绝耳。令秦王怒而僇相如于市，武安君十万众压邯郸，而责璧与信，一胜而相如族，再胜而璧终入秦矣。⑩

吾故曰：蔺相如之获全于璧，天也。若其劲渑池、柔廉颇，则愈出而愈妙于用，所以能完赵者，天固曲全之哉！⑪

注释

①战国时，赵惠文王得楚和氏璧。秦昭王给赵王写信，愿以秦国的十五座城来交换和氏璧。赵国的相国

选自《弇州山人四部稿》卷一百十

蔺相如奉命携璧往使入秦，见秦王得璧无意偿赵城，乃诈称璧有瑕，向秦王索璧，并以与璧俱碎的气势怒斥秦王。后暗地派人把璧完整地送回赵国，并在秦廷上斥责秦国的欺诈行为。这就是历史上有名的『完璧归赵』的故事，这个故事也成为一个成语流传沿用至今。②完璧：璧，一种圆形、扁平、正中有孔的玉。完璧比喻原物完好无损。称：称道，称颂。信：真实。③『夫秦』二句：秦国用拿十五座城交换玉璧的空话来欺诈赵国，并逼迫赵国交出玉璧。胁：逼迫。是时：这时。情：真实意图。窥：探看。④『赵得』四句：赵国如果得知秦国的实情就不给，不知道实情就给。得知秦国的实情却不惧怕它就给，得知秦国的实情而惧怕它就不给。两言：两句话。决：决断。『奈之何』句：为何既害怕它却又挑起它的怒气呢。⑤两：指前述秦国想要玉璧和赵国不给秦国玉璧两种情况。无所……（是非）。曲：意为理屈。⑥莫如：不如。弃璧：放弃索要玉璧。按图：用手比划着地图。设九宾：即设九仪，战国时最隆重的外交礼节，让九位迎接来使的傧相立于朝廷之上。这种礼节当时只有天子才能享用。斋：斋戒，指祭祀前洁净身心，以示虔敬。势：情势，形势。⑦前请：上前请求。固知：本就知道。固，本来。赵璧：赵国的玉璧。秦宝：秦国的宝地。⑧『今使』二句：现在假使大王您因为爱这块和氏璧的缘故而失去这十五座城，十五座城的百姓都会深深地埋怨大王您抛弃他们就像抛弃草芥一样啊。故：缘故。亡：丢失。草芥：比喻轻微、没有价值的东西。给（dá）：欺骗。⑨就死：求死。国：国都，都城，这里指秦京城镐京。明：彰显，彰明。未必：不一定，不见得。⑩秦意：秦国的意图。绝：指断绝关系。僇：通『戮』，杀戮。市：集市，这里指王公贵族的侍从宾客归直：归于在理。返璧：返还玉璧。奈何：怎么。舍人：指王公贵族的侍从宾客。归直：归于在理。⑪故君：秦国将领白起的封号。邯郸：赵国都城，在今河北。责：索取。信：信用。族：灭族，刑及全族。

卷十二 金、元、明文

六四三

古文觀止

卷十二　金、元、明文

徐文長傳①

袁宏道

作者簡介

袁宏道（1568～1610），明代散文家，字中郎，號石公。湖廣公安（今屬湖北）人。萬曆二十年（1591）進士。選吳縣知縣，歷國子助教、禮部主事、考功員外郎，遷稽勳郎中，後謝病歸。有文名，與兄宗道、弟中道并稱『三袁』。在『三袁』中為成就最高者。『公安派』的創始人，思想深受李贄影響。袁宏道在文學上反對『文必秦漢，詩必盛唐』的風氣，提出『獨抒性靈，不拘格套』的性靈說，強調抒寫性靈。著有《袁中郎集》。

原文

　　余一夕坐陶太史樓，隨意抽架上書，得《闕編》詩一帙，惡楮毛書，煙煤敗黑，微有字形，稍就燈間讀之。②讀未數首，不覺驚躍，急呼周望：『《闕編》何人作者，今耶？古耶？』周望曰：『此余鄉徐文長先

（注釋）

曰⋯⋯所以說。
獲全⋯⋯得到完整的。
天⋯⋯天神，古人想象中萬事萬物的主宰者。
勁澠池⋯⋯指趙在澠池（在今河南）會盟時，秦王在會上屢次想要羞辱趙王，藺相如迫使秦王為趙王擊缶，表現出強硬的態度和壯勇的氣概。
柔廉頗⋯⋯用柔弱的姿態對待廉頗。藺相如在澠池之會後，被任為上卿，位居老將廉頗之上。廉頗很不服氣，多次欲當眾羞辱藺相如。為顧全趙國將相之和，藺相如對廉頗一再忍讓，表現出柔弱的姿態，最終使廉頗頗悔悟並負荊請罪。
愈出⋯⋯指愈是出仕或出任外事。
固⋯⋯本來。
曲全⋯⋯偏袒，曲意保全。

生书也。"③两人跃起，灯影下读复叫，叫复读，童仆睡者皆惊起。盖不佞生三十年，而始知海内有文长先生。噫，是何相识之晚也！因以所闻于越人士者，略为次第，为《徐文长传》。④

徐渭，字文长，为山阴诸生，声名藉甚。薛公蕙校越时，奇其才，有国士之目。然数奇，屡试辄蹶。⑤中丞胡公宗宪闻之，客诸幕。文长每见，则葛衣乌巾，纵谈天下事。胡公大喜。⑥是时，公督数边兵，威振东南，介胄之士，膝语蛇行，不敢举头；而文长以部下一诸生傲之，议者方之刘真长、杜少陵云。⑦会得白鹿，属文长作表。表上，永陵喜。公以是益奇之。一切疏记，皆出其手。⑧

文长自负才略，好奇计，谈兵多中。视一世士，无可当意者。然竟不偶。⑨文长既已不得志于有司，遂乃放浪曲糵，恣情山水，走齐、鲁、燕、赵之地，穷览朔漠。其所见山崩海立，沙起云行，风鸣树偃，幽谷大都，人物鱼鸟，一切可惊可愕之状，一一皆达之于诗。⑩其胸中又有勃然不可磨灭之气，英雄失路、托足无门之悲。故其为诗，如嗔，如笑，如水鸣峡，如种出土，如寡妇之夜哭，羁人之寒起。虽其体格时有卑者，然匠心独出，有王者气，非彼巾帼而事人者所敢望也。文有卓识，气沉而法严，不以模拟损才，不以议论伤格，韩、曾之流亚也。⑪文长既雅不与时调合，当时所谓骚坛主盟者，文长皆叱而奴之，故其名不出于越。悲夫！⑫喜作书，笔意奔放如其诗，苍劲中姿媚跃出，欧阳公所谓『妖韶女，老自有馀态』者也。间以其馀，旁溢为花鸟，皆超逸有致。⑬

卒以疑，杀其继室，下狱论死。张太史元汴力解，乃得出。晚年愤益深，佯狂益甚。⑮显者至门，或拒不纳；时携钱至酒肆，呼下隶与饮；或自持斧击破其头，血流被面，头骨皆折，揉之有声；或以利锥锥其两耳，深入寸馀，竟不得死。⑯

周望言：晚岁诗文益奇，无刻本，集藏于家。余同年有官越者，托以抄录，今未至。余所见者，《徐文长集》、《阙编》二种而已。然文长竟以不得志于时，抱愤而卒。⑰

石公曰：先生数奇不已，遂为狂疾；狂疾不已，遂为囹圄。古今文人，牢骚困苦未有若先生者也。虽然，胡公间世豪杰，永陵英主。幕中礼数异等，是胡公知有先生矣；表上，人主悦，是人主知有先生矣。⑱独身未贵耳。先生诗文崛起，一扫近代芜秽之习，百世而下，自有定论。胡为不遇哉！⑲梅客生尝寄余书曰：'文长，吾老友，病奇于人，人奇于诗。'余谓文长，无之而不奇者也。无之而不奇，斯无之而不也。⑳悲夫！

选自《袁中郎集》卷四

注释

①徐文长（1521～1593）：原名徐渭，字文长，号天池山人，山阴（今浙江绍兴）人。明代作家，同时在诗文、戏曲、书法、绘画等多方面具有艺术才能，性情狂狷。②陶太史：陶望龄，曾任翰林院编修之职，明清两代修史之职归翰林，故称太史。《阙编》：徐文长的诗集名。一帙（zhì）：指书一函。恶楮：坏纸。败黑：指墨色漫漶。稍：逐渐，渐渐。就：靠近，接近。③惊跃：吃惊地跳起来。周望：即陶望龄。余乡：我的同乡。④读复叫：诵读又叫喊。不佞（nìng）：自谦之词，不肖。因以：凭借用。越人士：指越地（今江浙一带）的文士。次第：次序，编排。⑤诸生：明清两代经省各级考试录取入府、州、县的学生，称生员。生员有增生、附生、廪生、例生等名目，统称诸生。藉甚：指名声很大。薛公蕙：指薛蕙，学者称西原先生，亳州（今属安徽）人。校越：主越中考试。国士之目：看作是国士。国士，旧时对一国杰出人物的

称呼。〔三〕……指命运不好。数，命运。蹶……挫败。⑥中丞……明代常以都察院的副、佥都御史任巡抚，其职位与汉御史中丞相似，故称巡抚为中丞。胡公宗宪……胡宗宪，字汝贞，时为浙江巡抚，因抗击倭寇有功，加右都御史衔。客诸幕……在幕府做宾客。客，做幕客。诸，在。葛衣……葛布衣服，粗衣。乌巾……黑头巾，隐士的帽子。⑦督数边兵……明嘉靖年间，因倭寇在东南沿海骚扰，设总督大臣，总督江南、江北、山东、福建、湖广诸军。胡宗宪曾任总督，故说他『督数边兵』。介胄（zhòu）之士……指披盔戴甲的战士。语蛇行……跪在地上说话，像蛇一样爬行。方……比作。刘真长……即东晋的刘惔（dàn），字真长，晋简文帝时为相，与王濛同为谈客，不屈于势位。杜少陵……指唐代著名诗人杜甫，少陵是他的字。⑧会……适逢，恰逢。『文长』六句……意为，徐文长自恃有才能谋略，喜欢奇妙的计策，谈论军事大多能切中要害。他看世上的士人，没有一个是令人满意的。然而他竟然一直命运不佳。属……通『嘱』，委托。表……指写给皇帝的书信，奏章。永陵……指明世宗，元明人往往以陵名来称呼已故的皇帝。以是……因此。益……更，更加。疏记……这里指一切应用文体。⑨『文长』六句……意为，徐文长自恃有才能谋略，喜欢奇妙的计策，谈论军事大多能切中要害。他看世上的士人，没有一个是令人满意的。不偶……不遇，指命运不济。⑩既已……已经。有司……指各有司职的官吏。曲蘖（niè）……酒。穷览朔漠……极力游览北方沙漠地带。山崩海立……山峰倒塌，海浪壁立。风鸣树偃……意为狂风呼啸，树木被吹倒。幽谷……深谷。大都……大的都邑。达……表达。⑪英雄失路……比喻英雄不得志。托足无门……指没有落脚安身之处。嗔（chēn）……埋怨。羁人……行旅之人。体格……指诗文的体裁格局。巾帼……妇人，女子。事人者……侍奉别人的人。⑫气沉……气势深沉。法严……法度严整。格……风格。韩、曾……韩愈、曾巩，宋代古文家。亚……次等的。⑬雅……向来，素来。时调……当时的情调。骚坛……文坛。主盟者……指文坛盟主。奴……

古文观止

卷十二 金、元、明文

六四七

卷十二 金、元、明文

以……为奴。越……古越地，指今浙江和江苏南部一带。⑭书……指书法。姿媚……指字体令人喜爱。妖韶女，老自有馀态……这是北宋文学家欧阳修写给梅圣俞的诗句"譬如妖韶女，老自有馀态"，有徐娘半老的意思。间……间或，有时。溢……满。超逸有致……指出类拔萃到极点。⑮卒以疑……最终由于疑心。卒，终于，最终。继室……续娶的妻子。徐文长晚年精神错乱，杀继配夫人张氏，因此下狱。张太史元汴……即张元汴。力解……尽力帮助解脱。出……指出狱。佯狂……假装疯癫。⑯显者……指地位显贵的人。不纳……不接待。下隶……下人差役。被面……覆盖脸上。竟……最终。⑰"余同年"句……意为我的同榜进士有在越地做官的。同年……科举同榜考中的人。抱愤……怀抱愤恨。⑱石公……作者自号。数奇不已……指命运总是不好。囹圄（língyǔ）……指监狱。⑲独……单单，只有。身未贵……身世不曾显贵。芜秽之习……杂乱浅陋的风俗习惯。胡……谁。不遇……指没有际遇和机会。⑳梅客生……指梅国桢，字客生，湖北麻城人，官至兵部右侍郎。"无之"句……徐文长一生没有不奇异的地方。奇……奇异。杰……隔世的豪杰。永陵英主……明世宗是英明的君主。礼数异等……在胡宗宪的幕僚中，徐文长始终受到优待，故说他在幕中"礼数异等"。表……即前述的《献白鹿表》。人主……即君主。世不曾显贵。"斯无之"句……这徐文长也到处都是背运啊。奇（二）……指命运多蹇（jiǎn）。

浣花溪记①
钟惺

作者简介

钟惺（1574~1625），字伯敬，号退谷。竟陵（今湖北天门）人。万历三十八年（1610）进士。官南

京礼部主事,郎中。以福建提学佥事归。晚年逃于禅。与谭元春同为竟陵派的创始人,反对前、后七子的拟古主张,要求抒写性灵,曾同评选古诗,编为《古诗归》、《唐诗归》。时人称其诗文为"竟陵体"。语言艰涩幽冷。著有《隐秀轩集》。

原文

出成都南门,左为万里桥。西折纤秀长曲,所见如连环,如玦,如带,如规,如钩;色如鉴,如琅玕,如绿沉瓜,窈然深碧潆回城下者,皆浣花溪委也。②然必至草堂,而后浣花有专名,则以少陵浣花居在焉耳。③

行三四里为青羊宫。溪时远时近,竹柏苍然,隔岸阴森者尽溪,平望如荠,水木清华,神肤洞达。④自宫以西,流汇而桥者三,相距各不半里。舁夫云通灌县,或所云"江从灌口来"是也。⑤

人家住溪左,则溪蔽不时见,稍断则复见溪,如是者数处,缚柴编竹,颇有次第。桥尽,一亭树道左,署曰"缘江路"。⑥过此则武侯祠。祠前跨溪为板桥一,覆以水槛,乃睹"浣花溪"题榜。⑦过桥,一小洲横斜插水间如梭。溪周之,非桥不通,置亭其上,题曰"百花潭水"。由此亭还,度桥,过梵安寺,始为杜工部祠。像颇清古,不必求肖,想当尔尔。石刻像一,附以本传,何仁仲别驾署华阳时所为也。碑皆不堪读。⑨

钟子曰:杜老二居,浣花清远,东屯险奥,各不相袭。严公不死,浣溪可老,患难之于朋友大矣哉!⑩然天遣此翁增夔门一段奇耳。穷愁奔走,犹能择胜,胸中暇整,可以应世,如孔子微服主司城贞子时也。⑪

时万历辛亥十月十七日,出城欲雨,顷之霁。使客游者,多由监司郡邑招饮,冠盖稠浊,磬折喧溢,迫暮趣归。是日清晨,偶然独往。楚人钟惺记。⑫

选自《钟伯敬合集》下册辰集

古文觀止 卷十二 金、元、明文

注释

① 浣花溪：一名濯锦江，一名百花潭，为锦江支流，流经成都西郊。本文是钟惺游览成都浣花溪旁杜甫祠后所写的一篇游记。② 万里桥：在今四川成都南。纤秀长曲：细长秀美而曲折。连环：一个套着一个的一串环。玦：有缺口的玉。规：圆规。鉴：铜镜。琅玕：美石名，青者似竹，这里是以竹色比溪水。绿沉瓜：浓绿色的瓜色。窈然：深远的样子。潆回：指水回旋。委：水流所聚的地方，这里指下游。③ 草堂：指浣花溪畔的杜甫故居浣花草堂。少陵：指杜甫。杜甫自号少陵野老，世称杜少陵。④ 青羊宫：道观名，在成都西南。苍然：苍翠的样子。尽溪：指苍翠的竹柏倒影在溪水中。荠（jì）……菜名。清华：形容景物清幽美丽。⑤ 流汇：水流聚合处。舁（yú）夫：指轿夫。灌县：在今四川，古为灌口县。灌口：山名，古称天彭门，相传汉代文翁任蜀郡守，于此穿渝江灌溉，故名灌口。神肤洞达：神清气爽，通达肌肤。⑥ 溪蔽不时见：溪水被遮蔽又随时可见。稍断：指渐渐看不到溪水。缚柴编竹：指篱笆围墙。次第：光景。树：建立。道左：路东。署：题名。⑦ 武侯祠：在今成都西南。覆：覆盖，掩蔽。水槛：指桥上的护栏。睹：看见。榜：题榜。像：塑像。⑧ 横斜：横陈斜出。梭：如同织布时牵引纬线两头略尖的木梭形状。周：环绕。百花潭水：杜甫《狂夫》诗有「百花潭水即沧浪」的诗句。梵安寺：在成都南，与杜甫草堂相连，俗称「草堂寺」。杜工部祠：即杜甫祠，杜甫曾在剑南节度使严武的幕府官检校尚书工部郎，故称杜工部。⑨ 像：塑像。肖：相像，相似。何仁仲：生平不详。别驾：明代为通判的别称，通判是州、府辅佐知州、知府处理政务的官员。署：委任。华阳：古县名。⑩ 钟子：指作者钟惺。二居：指杜甫草堂和杜工部祠这两个地方。东屯险奥：东屯指夔州（在今重庆奉节）东瀼溪。严武死后，杜甫从成都辗转至

核舟记①

魏学洢

夔州，再迁到东屯。袭：因袭，沿袭。严公：严武，官剑南节度使兼成都尹，厚待杜甫。"患难"句：艰难的处境中得益于朋友的帮助很大。⑪遣：使令。夔（kuí）门：长江三峡中的瞿塘峡，因其地当川东门户，故又称夔门。"穷愁"四句：杜甫在穷困愁苦中奔忙，还能选择美好的地方安身，说明他胸中安闲不乱，随时能用来救世济民。穷愁奔走：穷困愁苦，奔忙急走。择胜：选择美好的地方。暇整：安闲不乱。应世：对应当世。"如孔子"句：就像孔子（在宋国遇险，流亡到陈国）更换常服，主于陈国大夫司城贞子家。⑫万历辛亥：明神宗万历三十九年（1611）。顷之：不久。霁（jì）：雨停天放晴。使客：朝廷所派的使臣。监司：监察州郡的官员。郡邑：指地方官。冠盖：官吏的冠服和车盖。稠浊：繁乱。磬（qìng）折：腰弯得像磬（磬是古代用石板制成的一种乐器，略似人形）一样，形容恭敬的样子。喧溢：充满大而嘈杂的声音。因其为竟陵（在湖北天门）人，故自称楚人。

迫：迫近，逼近。趣（cù）归：急归。趣，急速。楚人：指作者钟惺。

作者简介

魏学洢（1596～1625），明末著名散文家，字子敬。嘉善（今属浙江）人。当地有名的秀才，也是一代明臣魏大中的长子，一生未做过官，好学善文。其父魏大中是东林党人，因弹劾魏忠贤而被捕，死于狱中。魏学洢悲愤至极，号泣而死。著有《茅檐集》。

石湖图 明·文徵明

绘山石树木相同,横桥跨波,屋舍栉比,冈峦起伏,曲径迂回,湖平似镜。图中把湖光山色的江南水乡描绘得情真意切。

原文

明有奇巧人曰王叔远,能以径寸之木,为宫室、器皿、人物以至鸟兽、木石,罔不因势象形,各具情态。尝贻余核舟一,盖大苏泛赤壁云。②

舟首尾长约八分有奇,高可二黍许。中轩敞者为舱,箬篷覆之。旁开小窗,左右各四,共八扇。启窗而观,雕栏相望焉。闭之,则右刻『山高月小,水落石出』,左刻『清风徐来,水波不兴』,石青糁之。③

船头坐三人:中峨冠而多髯者为东坡,佛印居右,鲁直居左。苏、黄共阅一手卷。东坡右手执卷端,左手抚鲁直背。鲁直左手执卷末,右手指卷,如有所语。东坡现右足,鲁直现左足,各微侧,其两膝相比者,各隐卷底衣褶中。佛印绝类弥勒,袒胸露乳,矫首昂视,神情与苏、黄不属。卧右膝,诎右臂支船,而竖其左膝,左臂挂念珠倚之,珠可历历数也。⑤

舟尾横卧一楫。楫左右舟子各一人。居右者椎髻仰面,左手倚一衡木,右手攀右趾,若啸呼状。居左者右手执蒲葵扇,左手抚炉,炉上有壶,其人视端容寂,若听茶声然。⑥

其船背稍夷，则题名其上，文曰『天启壬戌秋日，虞山王毅叔远甫刻』，细若蚊足，钩画了了，其色墨。又用篆章一，文曰『初平山人』，其色丹。⑦

通计一舟，为人五；为窗八；为箬篷、为楫、为炉、为壶、为手卷、为念珠各一；对联、题名并篆文，为字共三十有四。而计其长曾不盈寸。盖简桃核修狭者为之。⑧

魏子详瞩既毕，诧曰：嘻，技亦灵怪矣哉！《庄》、《列》所载，称惊犹鬼神者良多，然谁有游削于不寸之质，而须糜瞭然者？⑨假有人焉，举我言以复于我，亦必疑其诞。今乃亲睹之。由斯以观，棘刺之端，未必不可为母猴也。嘻，技亦灵怪矣哉！⑩

选自《虞初新志》卷十

注释

① 核舟：即用果核所刻的舟。魏学洢这篇文章写出了我国古代工艺美术品所达到的艺术高度，表现出古代民间艺人的卓越才能。② 奇巧人：奇异灵巧的人。径寸：直径一寸。罔：没有。因势象形：趁着寸木形状趋势，来描摹相像的实物形状。情态：感情神态。贻（yí）：给予，赠送。大苏泛赤壁：苏轼在赤壁泛舟。大苏，北宋文学家苏轼。③ 八分有奇：长八分多一点。分，古代以十分为一寸。奇，余数，零数。二黍：古代度量衡定制，都是以中等籽粒的黍为准。二黍即百分之二尺。许：表示约计的数量。轩敞：指船板上宽敞处。轩，船板四周的围栏。箬（ruò）篷：箬竹所制的船篷。雕栏相望：指透过窗户望去，可以看到舟两边的栏杆。山高月小，水落石出：山峦很高，衬得月亮很小。水位降落，礁石露出。这是苏轼《后赤壁赋》中的。清风徐来，水波不兴：清凉的微风徐徐吹来，水面上不起波浪。这是苏轼《前赤壁赋》中的句子。

古文观止

卷十二　金、元、明文

句。石青：蓝铜矿，质纯的可制成蓝色颜料。糁（sān）：混杂，这里指涂抹。④峨冠：高冠。峨冠博带是封建士大夫的服饰。髯：指两颊的胡子。佛印：指佛印禅师，苏轼的朋友。鲁直：指北宋诗人黄庭坚，鲁直是他的字。手卷：横幅的书画卷。执：握，持。抚：抚摩。⑤相比：相并列。衣褶（zhě）：指衣裙上的褶子。绝类：非常相像。绝，表程度深。弥勒：弥勒佛，佛教大乘菩萨，为笑口常开的大肚塑像。矫首：扬起头。不属：不类。诎（qū）：屈曲。倚：倚靠，靠着。历历：形容分明的样子。⑥楫：即船桨。舟子：船夫，船工。椎髻：如椎形的发髻。右趾：右脚。啸呼：大声呼喊。蒲葵扇：一种用蒲葵树叶制成的扇子。视端容寂：眼睛正视，神色平静。若……然：……似的。⑦夷：平。天启壬戌秋日：指明熹宗天启二年（1622）秋。虞山：在今常熟市西北，这里借指江苏省常熟。了了：清楚。篆章：即印章。古代人名多刻以篆字，故称『篆章』。丹：朱红色。⑧通计：总计。长曾不盈寸：长度竟然不满一寸。曾，竟然，居然。盈，满。简桃核：微小的桃核。修狭：整修窄长。为：制作。⑨魏子：作者魏学洢自称。详瞩：指细细地看。毕：结束，完成。灵怪：灵巧奇异。《庄》、《列》：指《庄子》和《列子》。惊犹鬼神：惊奇它好像鬼斧神工。良：很，甚。游削：指熟练地雕刻。不寸之质：不到一寸的材质。须麋：须眉。瞭然：形容清楚、清晰的样子。⑩复：回复，告诉。诳：欺骗，迷惑。由斯以观：由此看来。『棘（jí）刺』两句：在棘刺的尖头上，未必刻不出一只母猴。《韩非子·外储说》记载，有宋人在燕王面前夸耀说，可以在棘刺刻出一只母猴。

五人墓碑记①

张溥

作者简介

张溥（1602~1641），明末文学家。初字乾度，后改字天如，号西铭。太仓（今属江苏）人。崇祯四年（1631）进士。授庶吉士，以葬亲请告归。与同邑张采齐名，时称『娄东二张』。崇祯初结文社名『复社』，以复兴古学为己任，从事文学和政治活动。一生著作宏富，编述三千余卷，涉及文、史、经学各个学科，通诗词，尤其擅写散文、时论。著有《七录斋集》等。《五人墓碑记》是他的代表作。

原文

五人者，盖当蓼洲周公之被逮，激于义而死焉者也。至于今，郡之贤士大夫请于当道，即除逆阉废祠之址以葬之，且立石于其墓之门，以旌其所为。呜呼，亦盛矣哉！②

夫五人之死，去今之墓而葬焉，其为时止十有一月耳。夫十有一月之中，凡富贵之子、慷慨得志之徒，其疾病而死、死而湮没不足道者亦已众矣，况草野之无闻者欤？独五人之皦皦，何也？③

予犹记周公之被逮，在丁卯三月之望。吾社之行为士先者为之声义，敛赀财以送其行，哭声震动天地。④缇骑按剑而前，问：『谁为哀者？』众不能堪，抶而仆之。是时，大中丞抚吴者为魏之私人，周公之逮所由使也。⑤吴之民方痛心焉，于是乘其厉声以呵，则噪而相逐。中丞匿于溷藩以免。既而，以吴民之乱请于朝，按诛五人，曰：颜佩韦、杨念如、马杰、沈扬、周文元，即今之傫然在墓者也。⑥

然五人之当刑也，意气扬扬，呼中丞之名而詈之，谈笑以死。断头置城上，颜色不少变。有贤士大夫发五十金，买五人之脰而函之，卒与尸合。故今之墓中，全乎为五人也。

嗟乎！大阉之乱，缙绅而能不易其志者，四海之大，有几人欤？而五人生于编伍之间，素不闻诗书之训，激昂大义，蹈死不顾，亦曷故哉？且矫诏纷出，钩党之捕遍于天下，卒以吾郡发愤一击，不敢复有株治，大阉亦逡巡畏义，非常之谋难于猝发，待圣人之出而投缳道路，不可谓非五人之力也。⑨

由是观之，则今之高爵显位，一旦抵罪，或脱身以逃，不能容于远近，而又有剪发杜门，佯狂不知所之者，其辱人贱行，视五人之死，轻重固何如哉！⑩是以蓼洲周公忠义暴于朝廷，赠谥美显，荣于身后，而五人亦得以加其土封，列其姓名于大堤之上。凡四方之士，无有不过而拜泣者，斯固百世之遇也。⑪不然，令五人者保其首领，以老于户牖之下，则尽其天年，人皆得以隶使之，安能屈豪杰之流扼腕墓道，发其志士之悲哉！⑫故予与同社诸君子，哀斯墓之徒有其石也，而为之记，亦以明死生之大，匹夫之有重于社稷也。⑬

贤士大夫者：冏卿因之吴公，太史文起文公，孟长姚公也。⑭

选自《七录斋诗文合集》卷三

注释

① 明熹宗天启初年（1621），太监魏忠贤升任司礼监秉笔太监，兼掌特务组织东厂，与皇长孙乳母客氏擅权朝政，屡兴大狱。杀害东林党人杨涟、左光斗、魏大中、周朝瑞、袁化中、顾大章等五人，朝中善类为之一空。天启七年（1627），苏州市民发生反对逮捕东林党人周顺昌的抗暴运动，这篇文章就是为悼念此次抗暴活动中牺牲的五名市民。② 『五人』三句：墓中的五人，是在周顺昌被逮捕时激于义愤而赴难的。蓼洲周公：指东林党人周顺昌。熹宗朝，被宦官魏忠贤陷害，死盖：发语词，无实义。当：在……的时候。

于狱中。贤士大夫：贤明的官僚阶层人士。当道：当权者，指朝廷。逆阉：指宦官魏忠贤。逆，忤逆；阉，对太监的鄙称。废祠之址：指已经作废了的苏州魏忠贤生祠旧址。魏忠贤权力很大的时候，各地都为他建立生祠，魏忠贤死后，这些生祠都被捣毁、废弃。旌（jīng）：表彰，表扬。所为：所做的事情。盛：隆重。

③去：离开。为时：指五人死去到现在的时间。止：仅仅，只是。慷慨得志：意气激昂、志满意得的样子。皦皦：同"皎皎"，光明的样子。湮（yān）没：埋没。不足道者：不值得称道的人。草野：乡野，民间。

④丁卯：指天启七年（1672）。望：望日，即农历每月十五。吾社：指张溥与同乡张采所提倡而建立起来的"复社"，该社的宗旨是"兴复古学，务为有用"，以继承东林党为号召。行为士先者：行动先于士大夫的人。声义：声张正义。敛：收拢，聚集。赀财：资财，这里指钱款。⑤缇骑（tí jì）：这里是指明锦衣卫校尉。缇，指橘红色。堪：忍受。抶（chì）而仆之：把他们打倒。抶，用鞭、杖抽打。大中丞：这里指当时的苏州巡抚毛一鹭。抚吴：指江苏巡抚。私人：有权势人的亲朋、私交。"周公"句：周顺昌被逮捕就是受他毛一鹭的指使啊。由：听命，照着办。既而：不久。傫然：堆积的样子。

⑥厉声以呵：严厉责骂。噪（sào）而相逐：群呼并相互追逐。匿：躲藏。溷（hùn）藩：指厕所。当刑：受刑。詈（lì）：责骂。颜色不少变：指五人在临刑时，斗志昂扬，口中大呼巡抚毛一鹭的名字痛骂他。脰：颈项，这里指头。函：以棺收敛。卒与尸合：指头颅与身体合在一起，为全尸。⑧大阉：指大官官魏忠贤。缙绅：指士大夫。即搢绅，搢，搢笏（将笏插入腰带），绅，垂绅（垂着帽带）。不易其志：不改变他的志向。易，改变。编伍之间：指市民之间。古代户口五家为一伍。素：向来，平素。诗书之训：泛指接受书籍教育。蹈死不顾：指视死如归。曷故：什么原因。⑨矫诏：假托皇帝名义颁

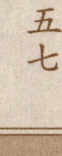

古文觀止 卷十二 金、元、明文

发的诏书。钩党：牵引为同党。东汉末，宦官专权，将不顺从他们的士大夫诬为钩党。『卒以』二句：最终以我吴郡举事奋起一击，使阉党不敢再加以株连治罪。卒：最终。发愤一击：指因激愤而起事。株连治罪。遽（qūn）巡畏义：迟疑不决，并害怕引起义愤。非常之谋：篡夺帝位的阴谋。猝发：突然发生。猝，突然。『待圣人』句：等到圣人（指明崇祯皇帝）即位，（魏忠贤）就在路上自杀了。缳（huán）：绳圈。⑩由是观之：由此看来。高爵显位：指爵位高，地位显要。翦发杜门：剃发为僧，闭门不出。翦：本义指鸟新生的像刚被剪过一样整齐的羽毛。清代以前的男子都留长发，剪短或剃光头发，都当作是不正常的。佯狂：假装疯癫。佯，假装。不知所之：不知道他所去的地方。辱人贱行：屈辱的人格，下贱的品行。⑪暴（pù）：显露。赠谥美显：指明思宗谥周顺昌『忠介』而美名扬天下。加其土封：增修他们的坟墓。四方之士：指天下各地的人。『斯固』句：这本是百代才能碰到的际遇啊。⑫不然：不是这样。头和颈，这里指性命。户牖：门户窗牖，指家中。隶使：当作奴隶来加以驱使。屈：折服。豪杰之流：才能出众的一类人。扼腕：用手握腕来表示惋惜、悲愤。⑬同社诸君子：同在复社的各位有道德的人。徒：空有，白有，白白地。明：显明，彰明。死生之大：生死的根本旨义。大，大义，重要的旨义，指人生价值。『匹夫』句：平民百姓对国家来说是重要的。有……为……⑭因卿：太仆寺卿。因之是他的字。吴公：指吴默，因之是他的字。太史：这里指翰林院编修一职。文起文公：指文震孟，文起是他的字。姚公：指姚希孟，孟长是他的字。

狱中上母书① 夏完淳

作者简介

夏完淳（1631~1647），南明抗清将领、诗人。原名复，字存古。松江华亭（今上海松江）人。少时即被称为神童。后随父参加抗清斗争，受南明鲁王遥封中书舍人，参谋太湖吴昜（yáng）军事，受清政府追捕。昜败后，夏完淳被押送南京，痛斥向清朝投降的洪承畴，慷慨就义。所作诗赋慷慨悲凉。著有《夏完淳集》。

原文

不孝完淳今日死矣！以身殉父，不得以身报母矣！痛自严君见背，两易春秋。冤酷日深，艰辛历尽。本图复见天日，以报大仇，恤死荣生，告成黄土。③奈天不佑我，钟虐先朝，一旅才兴，便成齑粉。④去年之举，淳已自分必死，谁知不死，死于今日也。斤斤延此二年之命，菽水之养无一日焉。致慈君托迹于空门，生母寄生于别姓，一门漂泊，生不得相依，死不得相问。⑤淳今日又溘然先从九京，不孝之罪，上通于天。呜呼！双慈在堂，下有妹女，门祚衰薄，终鲜兄弟。淳一死不足惜，哀哀八口，何以为生？虽然，已矣。淳之身，父之所遗；淳之身，君之所用。为父为君，死亦何负于双慈！但慈君推干就湿，教礼习诗，十五年如一日，嫡母慈惠，千古所难。⑦大恩未酬，令人痛绝！

慈君托之义融女兄，生母托之昭南女弟。淳死之后，新妇遗腹得雄，便以为家门之幸；如其不然，万勿

置后!⑧会稽大望,至今而零极矣!节义文章,如我父子者几人哉?立一不肖后,如西铭先生为人所诟笑,何如不立之为愈耶?⑨呜呼!大造茫茫,终归无后。有一日中兴再造,则庙食千秋,岂止麦饭豚蹄,不为馁鬼而已哉!若有妄言立后者,淳且与先文忠在冥冥,诛殛顽嚚,决不肯舍!⑩

兵戈天地,淳死后乱且未有定期。双慈善保玉体,无以淳为念。二十年后,淳且与先文忠为北塞之举矣!⑪勿悲勿悲!相托之言,慎勿相负!武功甥将来大器,家事尽以委之。⑫寒食、盂兰,一杯清酒,一盏寒灯,不至作若敖之鬼,则吾愿毕矣!新妇结褵二年,贤孝素著,武功甥好为我善待之,亦武功渭阳情也。⑬

语无伦次,将死言善。痛哉痛哉!人生孰无死?贵得死所耳!父得为忠臣,子得为孝子。含笑归太虚,了我分内事。⑭大道本无生,视身若敝屣。但为气所激,缘悟天人理。⑮噩梦十七年,报仇在来世。神游天地间,可以无愧矣!

选自《夏完淳集》卷八

注释

①清顺治四年(1647)夏,作者夏完淳因上表谢恩明鲁王朱以海遥授他为中书舍人,被清政府逮捕,押解南京。这篇文章是作者在南京狱中写给其嫡母盛氏的绝笔书。②不孝:自谦词,自称没能尽到孝道。以身殉父:指继承父亲的遗愿而死。③严君:指父亲。见背:下世,专指亲人死去。两易春秋:已经更换了两次春秋,即已经过了两年。易,更换。④图:考虑,谋划。复见天日:重新见到天日,指恢复明王朝的统治。恤死荣生:指朝廷对死者赠官赐谥和对死者遗族的封荫。告成黄土:这里指祭告死去的父亲。黄土,代指他死去的父亲。钟虐先朝:聚集灾难于明朝。先朝,明朝。一旅:一支初建

的义军，这里指在松江起义抗击清兵的军队。齌(jī)粉：粉末，比喻粉身碎骨。⑤去年之举：清顺治三年(1646)，夏完淳与陈子龙、钱旃(zhān)共同谋划参与太湖吴易反清斗争，被明鲁王遥授中书舍人，后吴易兵败被捕，夏完淳群居乡间。自分：自料。斤斤：同"仅仅"，这里指多余。菽水之养：代指贫家对父母的供养。菽，豆。慈君、慈母：这里指夏完淳的嫡母盛氏。空门：指佛门。生母：指夏完淳的生身母亲陆氏，是夏允彝的妾。寄生：依赖他人的供应为生。一门：指整个家族。一，全。⑥瘗(kè)然：突然。先从：从死于前。九京：九原，泛指墓地。双慈：指夏完淳的嫡母盛氏和生母陆氏。嫡母：这里指盛氏。⑧义融女兄：夏完淳的姐姐夏淑吉。昭南女弟：指夏完淳的妹妹夏惠吉，昭南是她的字。新妇：指夏完淳的妻子钱秦篆，当时他们才结婚两年。遗腹：妇女怀孕后，孩子还没生下来丈夫就死了，腹中的胎儿就称为遗腹。雄：指男孩。置后：抱养别人的孩子为后。⑨会稽：今浙江绍兴。大望：望族，大族。零：凋多。再造：再一次取得功绩。庙食：为对国家有功的人死后立庙祭祀。麦饭：用小麦做成的面食。豚蹄：猪蹄。馁(něi)鬼：饿鬼。馁，饥饿。而已：句末语气词。先文忠：指夏完淳的父亲夏允彝。"淳且"三句：完淳和先父在阴间诛杀不听从意见的顽固之徒，决不放过！诛殛：杀戮。顽嚚(yín)：顽固不化。舍：舍弃，放弃。⑪二十年后：指二十年后，孩子又会成为一条继承父业的汉子。北塞之举：指重举义军，扫清塞北，完成复明大业。⑫慎勿相负：小心谨慎，不要辜负。武功甥：指夏完淳的外甥侯檠，武功是他的字。大

古文觀止

卷十二 金、元、明文

六六一

器：大才。委：托付，交付。⑬寒食：节气名，在冬至后一百零五日。盂兰：旧时于阴历七月十五日作盂兰盆会，称可救先亡倒悬之苦。若敖之鬼：没有后代的饿鬼，指死后子孙断绝。毕：完成，结束。结褵（lí）：男女成亲。素著：平素显著。渭阳情：指舅舅和外甥之间的情谊。据《左传》记载，春秋时，晋公子重耳曾在秦国避难。他是秦穆公太子（后为秦康公）的舅舅。重耳依靠秦国的帮助准备回到晋国，太子送他到渭水之北，作诗赠别。后人便用渭阳情比喻舅甥之间的情谊。⑭将死言善：人死之前，说的话没有恶意。《论语》中有『人之将死，其言也善』的句子。『人生』两句：谁不会死呢？贵在死得其所啊。太虚：指天。分内：职分之内。⑮大道：常理。无生：佛教术语，指远离种种生灭变化的烦恼。敝屣：破旧的鞋。敝，破旧的。天人：天道和人事。

卷十三 清文

原君① 黄宗羲

作者简介

黄宗羲（1610～1695），明末清初思想家，字太冲，号南雷，学者称梨洲先生。浙江余姚人。与顾炎武、王夫之并称明末清初三大思想家。其父黄遵素为著名东林党人，被魏宗贤杀害。十九岁时曾入京为父讼冤。后领导复社成员与宦官权贵斗争。清兵南下，他招募义兵，组织『世忠营』，被南明鲁王任为左副都御史。明朝灭亡后隐居著述，康熙时举博学鸿儒，荐修《明史》，不就。思想深邃，学问渊博，对天文、算术、乐律、经史百家以及释道方面的书都研究得很透彻。著有《宋元学案》、《明儒学案》、《明夷待访录》、《南雷文案》等。

原文

有生之初，人各自私也，人各自利也；天下有公利而莫或兴之，有公害而莫或除之。有人者出，不以一己之利为利，而使天下受其利；不以一己之害为害，而使天下释其害；此其人之勤劳必千万于天下之人。②夫以千万倍之勤劳，而己又不享其利，必非天下之人情所欲居也。故古之人君，量而不欲入者，许由、务光是也；入而又去之者，尧、舜是也；初不欲入而不得去者，禹是也。④岂古之人有所异哉？好逸恶劳，亦犹夫人人之情也。⑤

后之为人君者不然，以为天下利害之权皆出于我，我以天下之利尽归于己，以天下之害尽归于人，亦无不可；使天下之人不敢自私，不敢自利，以我之大私为天下之大公。⑥始而惭焉，久而安焉，视天下为莫大之产业，传之子孙，受享无穷。汉高帝所谓『某业所就，孰与仲多』者，其逐利之情，不觉溢之于辞矣。⑦此无他。古者以天下为主，君为客，凡君之所毕世而经营者，为天下也；今也以君为主，天下为客，凡天下之无地而得安宁者，为君也。⑧是以其未得之也，屠毒天下之肝脑，离散天下之子女，以博我一人之产业，曾不惨然。⑨曰：『我固为子孙创业也。』其既得之也，敲剥天下之骨髓，离散天下之子女，以奉我一人之淫乐，视为当然。曰：『此我产业之花息也。』⑩然则为天下之大害者，君而已矣。向使无君，人各得自私也，人各得自利也。呜呼！岂设君之道固如是乎？⑪

古者天下之人爱戴其君，比之如父，拟之如天，诚不为过也。⑫今也天下之人怨恶其君，视之如寇雠，名之为独夫，固其所也。⑬而小儒规规焉以君臣之义无所逃于天地之间，至桀纣之暴，犹谓汤武不当诛之，而妄传伯夷、叔齐无稽之事，乃兆人万姓崩溃之血肉，曾不异夫腐鼠。⑭岂天地之大，于兆人万姓之中，独私其一人一姓乎？是故武王，圣人也，孟子之言，圣人之言也；后世之君，欲以如父如天之空名禁人之窥伺者，皆不便于其言，至废孟子而不立，非导源于小儒乎！⑯

虽然，使后之为君者果能保此产业，传之无穷，亦无怪乎其私之也。既以产业视之，人之欲得产业，谁不如我？⑰摄缄縢，固扃鐍，一人之智力，不能胜天下欲得之者之众，远者数世，近者及身，其血肉之崩溃在其子孙矣。⑱昔人愿世世无生帝王家，而毅宗之语公主，亦曰：『若何为生我家！』⑲痛哉斯言！回思创业时，其欲得天下之心，有不废然摧沮者乎！⑳

是故明乎为君之职分，则唐、虞之世，人人能让，许由、务光非绝尘也；不明乎为君之职分，则市井之间人人可欲，许由、务光所以旷后世而不闻也。㉑然君之职分难明，以俄顷淫乐不易无穷之悲，虽愚者亦明之矣。㉓

选自《明夷待访录》

注释

①题意为：推究君主职分的本原，并用今世的观点来加以衡量。②『有生』句：承战国时荀子的『性恶论』。荀子认为人生来就有『好利』、『疾恶』、『好声色』等恶性，必须以礼义刑罚治之。『天下』二句：世上有利于公众的事情却没有建立，有害于公众的事情却没有摒除。而⋯⋯莫或⋯⋯没有。释⋯⋯消除，解脱。『此其人』句：这个人的勤劳一定是世上人们的千万倍。③人情⋯⋯人心，民情。居⋯⋯所处的位置。许由、务光⋯⋯传说中的上古高士。⑤有所异⋯⋯有什么不一样的地方。犹夫⋯⋯好像，似乎。『夫』字表语气，无实义。⑥『后之』二句⋯⋯后来当君主的不这样想，他认为天下利与害的权力都掌握在自己手中。不然⋯⋯不这样。⑦『汉高帝』句：据《史记·高祖本纪》，『高祖大朝诸侯⋯⋯起为太上皇寿，曰："始，大人常以臣无赖，不能治产业，不如仲（汉高祖兄）力。今某之业所就，孰与仲多？"』意思是我天下之产业，和仲相比，谁的多呢？⑧无他⋯⋯没有别的什么原因。『古者』四句⋯⋯古代的圣贤以天下为主，君王为客，所终生经营料理的，是为天下。毕世⋯⋯终生，一生。『今也』四句⋯⋯现在是以君王为主，天下人为客，就⋯⋯成，成功。⑨『是以』二句⋯⋯于是在他没有得到天下产业的时候，残忍地天下没有土地并得以安定的，为的是君王啊。

古文觀止

卷十三 清文

六六五

古文觀止 卷十三 清文

让天下百姓肝脑涂地。是以：于是。屠毒：宰割毒害。博：换取。曾：竟然，简直。惨然：狠毒。⑩敲剥：击打割开。花息：利息。⑪然则：连词，可译为"那么"。而已：语助词，相当于"罢了"。"岂设"三句：从前假如没有君王，百姓各自护卫自己，谋求私利。向：从前，以前。固：难道。如是：像这样。所：宜，应得的。⑫拟：比，视作。诚：确实。⑬寇雠：强盗和仇敌。独夫：指残暴无道、众叛亲离的统治者。固本来。⑭"而小儒"句：但是死守孔子儒家教义的文人把君王主宰天下、臣民效忠于君王的伦理关系标榜为普天之下的绝对真理。小儒：指死守儒家学派而无所作为的读书人、学者。规规：浅陋拘泥的样子。无所逃于天地之间：意思是说在天地间没有可以逃避的地方。桀纣：二人都为亡国的暴君。桀是夏朝最后一个君主，纣是商朝最后一个君主。犹：还，仍。汤武：汤是夏末人，伐桀建立了商王朝；武指周武王，伐纣建立了周王朝。"而妄传"句：《史记》记载，孤竹君的儿子伯夷、叔齐在周武王伐纣时，曾在马前劝阻。因汉以前没有伯夷、叔齐叩马而谏的说法，所以作者认为是小儒编造的荒唐故事。"乃兆人"二句：难道百姓万民碎裂的血肉之躯，竟然还比不上腐烂的贱鼠吗？曾：竟然。腐鼠：腐烂的鼠肉，比喻轻贱之物。⑮私：私人占有。⑯是故：因此，所以。"孟子之言"句：《孟子·梁惠王下》记载，齐宣王问孟子，汤武伐桀纣，有这回事吗？孟子说，史传上记载有。齐宣王又问，臣能够杀君吗？孟子回答说："贼，仁者谓之贼；贼，义者谓之残。残贼之人，谓之一夫（独夫）。闻诛一夫纣矣，未闻弑君也。"巧妙地回答了齐宣王提出的问题。"后世"二句：后世的君王想用君王如父如天的空名来禁锢人们的暗中伺察，都不采用便利的方法来宣传圣人周武王、孟子的言论。窥伺：暗中察看，有所图谋。"至废孟子"句：明太祖看到

古文觀止 卷十三 清文

復庵記[1]

顧炎武

作者簡介

顧炎武（1613～1682），明清之際著名思想家、學者。初名絳，字寧人，曾自署蔣山傭。江蘇昆山亭林鎮人，學者稱亭林先生。明諸生，少時參加「復社」反宦官權貴鬥爭。清兵陷南京，參加昆山、嘉定一帶

《孟子》「民為貴，社稷次之，君為輕」的說法，便頒發詔令，祭祀孔廟時罷除孟子，並在洪武二十三年（1390）和二十七年（1394）修訂《孟子》時，刪除了書中含有「民貴君輕」思想的章節。⑰雖然：雖然是這樣。私之：以之為私。私，以⋯⋯為私。「既以」三句：既然從產業來看，人們都想得到天下這份產業，（那這樣的話）哪一個不是和我一樣呢？⑱攝緘（jiān）滕，繩子。固扃（jiōng）鐍（jué）：用鎖鎖牢。固，穩定，牢固；扃，關鈕，鐍，鎖鑰。「不能勝」句：不能夠戰勝世上想得到以天下為產業的眾人啊。⑲「昔人」句：據《南史・王敬則傳》上記載，宋順帝被逼出宮時，「泣而彈指：『唯願後身生生世世不復天王作因緣。』」毅宗：指明代的崇禎皇帝。「若何」句：據《明史・公主列傳》上的記載，崇禎皇帝在李自成起義軍攻入北京後，揮劍砍他的女兒長平公主，說：「汝奈何生我家？」⑳廢然：形容灰心喪氣的樣子。摧：憂傷。沮（jǔ）：沮喪懊惱。㉑是故：所以，因此。職分：身份之職所應盡的本分。唐、虞之世：堯舜的時代。唐，堯的國號；虞，舜的國號。絕塵：超塵絕俗。㉒曠：空，絕。㉓俄頃：不久，一會兒。不易：不變，不換。

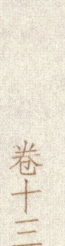

古文觀止 卷十三 清文

的抗清活动。失败后，离乡北游，遍历关塞，实地考察，致力边防和西北地理的研究，访学问友，不忘兴复。康熙时举博学鸿儒，荐修《明史》，均不就。学问渊博，在国家典制、郡邑掌故、天文仪象、河漕、兵农及经史百家、音韵训诂等方面，均有研究。晚年治经重考证，开清代朴学风气。其学以博学于文，行己有耻为主，合学与行、治学与经世为一。诗多伤时感事之作。著有《日知录》、《肇域志》、《亭林诗文集》等。

原文

旧中涓范君养民，以崇祯十七年夏，自京师徒步入华山为黄冠。数年，始克结庐于西峰之左，名曰复庵。华下之贤士大夫多与之游，环山之人皆信而礼之。②而范君固非方士者流也。幼而读书，好楚辞、诸子及经史，多所涉猎，为东宫伴读。③方李自成之挟东宫二王以出也，范君知其必且西奔，于是弃其家走之关中，将尽厥职焉。④乃东宫不知所之，范君为黄冠矣。⑤

太华之山，悬崖之巅，有松可荫，有地可蔬，有泉可汲，不税于官，不隶于宫观之籍。⑥华下之人或助之材，以创是庵而居之。⑦有屋三楹，东向以迎日出。⑧

余尝一宿其庵，开户而望大河之东，雷首之山苍然突兀，伯夷、叔齐之所采薇而饿者，若揖让乎其间，固范君之所慕而为之者也。⑨自是而东，则汾之一曲，绵上之山出没于云烟之表，如将见之介子推之从晋公子既反国而隐焉，又范君之所有志而不遂者也。⑩又自是而东，太行、碣石之间，宫阙山陵之所在，去之茫茫，而极望之不可见矣。相与泫然。⑪

作此记，留之山中。后之君子登斯山者，无忘范君之志也。⑫

选自《续古文观止》

注释

① 《复庵记》这篇文章应是作者定居华阴时所作。题目中『复庵』之『复』字，出自《易经·泰卦》『无往不复』，含有『返回』『恢复』的寓意；同时，『复』字还含有古人对人病或死后招其魂归来的意思。所以，『复庵』两字就暗含了顾炎武作为明朝遗民希望匡复明王朝的拳拳忠心和对故国故君的眷恋之情。② 中涓：宫中皇帝亲近的侍从官。崇祯十七年：指公元1644年。当年三月，李自成攻入北京，崇祯帝自缢而亡。黄冠：本指道士所戴的帽子，后来成为道士的别称。克：能够。结：构筑。庐：房屋。西峰之左：华山西峰的东边。华下：华山之下。③ 方士：方术之士，指古代自称能求仙炼丹使人长生不老的人。楚辞：指汉代辑录的楚地骚体类文章的总集，这里专指楚国屈原忧国忧君的文章。诸子：指先秦的各学派学说。经史：经书和史书。涉猎：广泛阅读，不求深入钻研。东宫：古代宫殿名，为太子所居。这里借指太子。伴读：明朝亲王府官名。④ 方：正当。挟东宫二王：据《明史》载，崇祯十七年李自成攻破京城北京，崇祯帝太子慈烺被义军掳走西去，下落不明；三子定王慈炯、四子永王慈炤都不知所踪。且：将。西奔：向西逃亡。走之关中：奔向关中。厥：其，他们。职：职守。⑤ 乃：却。所之：所去的地方。⑥ 隶：隶属，附属。宫观：道教庙宇。籍：名册。⑦『华下』句：华山下有人资助他建庵的材料，用来建造此庵并使他住下来。或：有人。是庵：这座庵。⑧ 楹（yíng）：房屋一间为一楹。⑨ 尝：曾经。雷首之山：古山名，雷首山，又称首阳山，指中条山脉西南端，在今山西永济东南，上有伯夷、叔齐

卷十三 清文

六六九

古文观止 卷十三 清文

与友人论学书① 顾炎武

原文

比往来南北，颇承友朋推一日之长，问道于盲。②窃叹夫百馀年以来之为学者，往往言心言性，而茫乎不得其解也。③命与仁，夫子之所罕言也。性与天道，子贡之所未得闻也。④性命之理，著之《易传》，未尝数以语人。

注释

墓。伯夷、叔齐：殷商末年孤竹国君的两个儿子。揖让：对征伐而言，让位给贤者。『固范君』句：本来是范君仰慕并且希望仿效的。固：本来。⑩自是：从这里。一曲：河流弯曲处。绵上之山：即绵山，在今山西介休东南，又称介山、介休山。『如将见』句：就像将见到介子推跟从晋公子已经返回故国却要去归隐。介子推：一作介之推，春秋时晋国人。他跟随晋公子重耳流亡在外十九年。重耳借助秦穆公的帮助回到晋国当了国君，重耳便是后来的晋文公。文公封赏有功人员，独独介子推没有受封，于是和他的母亲隐居在绵山。后来晋文公想起介子推，使人召见他，介子推没有答应。文公烧山逼他出来，介子推抱树而被烧死。文公把绵山作为介子推的祭田，号曰『介山』。既：已经。反：同『返』。志：志向，心意。遂：成功。⑪太行：太行山，绵延于山西、河北、河南三省省界的山脉。碣石：碣石山，在今河北昌黎北，秦始皇、汉武帝曾东巡到这里，三国时曹操登此山作《碣石篇》。宫阙：即宫殿。山陵：帝王的坟墓。相与：共同，一同。泫(xuàn)然：流泪的样子。⑫君子：有道德的人。斯：这。

横塘图 明·文徵明

此图为文徵明所作小幅画之一,萧疏简练,格调高雅,淡逸文静。

其答问士也,则曰『行己有耻』;其为学,则曰『好古敏求』;⑤其与门弟子言,举尧、舜相传所谓『危微精一』之说,一切不道,而但曰『允执其中,四海困穷,天禄永终』。⑥呜呼!圣人之所以为学者,何其平易而可循也!故曰『下学而上达』。颜子之几乎圣也,犹曰『博我以文』。⑦其告哀公也,『明善之功,先之以博学』。⑧自曾子而下,笃实无若子夏,而其言仁也,则曰:『博学而笃志,切问而近思。』⑨

今之君子则不然。聚宾客门人之学者数十百人,譬诸草木,区以别矣,而一皆与之言心言性,舍多学而识,以求一贯之方;置四海之困穷不言,而终日讲『危微精一』之说。是必其道之高于夫子,而其门弟子之贤于子贡,逃东鲁而直接二帝之心传者也。⑪我弗敢知也。

《孟子》一书,言心言性,亦谆谆矣。乃至万章、公孙丑、陈代、陈臻、周霄、彭更之所问,与孟子之所答者,常在乎出处、去就、辞受、取与之间。⑫以伊尹之元圣,尧、舜其君其民之盛德大功,而其本乃在乎千驷、一介之不视不取。⑬伯夷、伊尹之不同于孔子也。而其同者,则以行一不义、杀一不辜而得天下不为。⑭是

古文觀止 卷十三 清文

故性也、命也、天也,夫子之所罕言,而今之君子所恒言也;出处、辞受、取与之辨,孔子、孟子之所恒言,而今之君子所罕言也。谓忠与清之未至于仁,而不知不忠与清而可以言仁者,未之有也。谓不伎不求之不足以尽道,而不知终身于伎且求而可以言道者,未之有也。我弗敢知也。

愚所谓圣人之道者如之何?曰『博学于文』;曰『行已有耻』。自一身以至于天下国家,皆学之事也;自子臣弟友以至出入、往来、辞受、取与之间,皆有耻之事也。耻之于人大矣!不耻恶衣恶食,而耻匹夫匹妇之不被其泽。故曰:『万物皆备于我矣。反身而诚。』呜呼!士而不先言耻,则为无本之人;非好古而多闻,则为空虚之学;以无本之人,而讲空虚之学,吾见其日从事于圣人而去之弥远也。虽然,非愚之所敢言也。且以区区之见私诸同志,而求起予。

选自《亭林诗文集》卷三

注释

①宋明理学一度在古代社会思潮中占据主导地位。明末的学风秉承理学的学风,多空谈心性,学风、文风空疏,而且门户互争,摈弃实学。顾炎武有感而发,写了此文,旨在提倡经世致用的务实学风和文风。
②『比往来』三句:近来往来于南北,承蒙朋友们推我年龄稍长,向我这个无知的人请教。比:近来。往来南北:指明朝灭亡后,顾炎武曾六次前往南京拜谒明太祖孝陵,六次前往河北参谒明思宗思陵。一日之长(zhǎng):指年龄比其他人稍大。问道于盲:向盲人问路,比喻求教于无知的人。
③为学者:指明代理学家王守仁、王畿等言心言性的人。言心言性:宋、明学者根据孟子性善说,阐明天理、人欲的界限,经常探讨人的命运与人的本性的论题。茫:模糊不清。
④命与仁:都是古代儒家的认识范畴的术语。『命』指

吉凶祸福、寿夭贵贱等命运。「仁」指以「爱人」为核心的道德范畴，包括恭、宽、信、敏、惠、智、勇、忠、恕、孝、悌等。性与天道：也是儒家认识范畴的术语。「天道」指日月星辰等天体运行过程来反映的人间吉凶祸福。子贡：孔子弟子端木赐。⑤性命之理：传为孔子所作的《易传》：「穷理尽性，以至于命。」宋代的儒生多认为人性体现天理，故「性」与「理」通。《易传》：《易经》的系辞，为孔子所作。未尝：从来没有，从不。问士：据《论语·子路》记载，子贡曾问孔子，怎样才能算得上「士」？行己有耻：意思是说自己的立身行事要有廉耻心。好古敏求：爱好古道，勤勉求学。⑥门弟子：指入门的弟子。危微精一：语出《尚书·大禹谟》，大意是说，人心易私公，故危；道心难明易昧，故微。唯有精心察之，专一守之，才能不偏不倚。不道：不说。「允执其中」三句：为政之道在于恪守不偏不倚的准则，否则四海的百姓就会因政治的混乱而穷困，执政者的俸禄也要终止了。⑦循：遵守，遵循。下学而上达：要专心一意地从浅近的人事方面学习，通过循序渐进，达到上达天理的效果。颜子：指孔子弟子颜渊，即颜回。博我以文：让我广泛地了解掌握诗书礼乐及文章等。语出《论语·子罕》。⑧告哀公：鲁哀公问孔子身上穿的是不是儒服。孔子直接回答他，君子博学，穿乡服，我不不知道什么儒服。见于《礼记·儒行》。明善之功：说明行善的效果。功，功效，效果。⑨曾子：孔子的弟子曾参。笃实：笃厚朴实。子夏：孔子的弟子卜商。「博学」两句：广博地学习而志向坚定，恳切求教自己已学但还无所悟的问题，近思自己所能及的事。语出《论语·子张》。切：恳切而率直。⑩「譬诸草木」两句：学者的学问就像草木一样有深有浅，各有类别，不能划一。语出《论语·子张》。⑪「置四海」二句：把天下的

（zhì）：记闻，记住。一贯：用一种道理贯穿于事物之中，指本末融会贯通。

古文观止　卷十三　清文　六七三

古文觀止 卷十三 清文

因阨穷苦放在不说，却整天谈论『危微精一』的学说。『桃东鲁』句：超过孔子来直接接受尧、舜二帝的心相传授。桃：超越。东鲁：指孔子，因孔子为鲁人。二帝：指古代的尧、舜两位帝王。⑫谆谆：教诲不倦。

万章：孟子的弟子，曾与孟子论及孔子在卫国及百里奚自卖身于秦等事。公孙丑：孟子的弟子，孟子曾回答他关于孔子的处世态度。陈代：孟子的弟子，曾让孟子去见诸侯，孟子以孔子『非礼招己则不往』来回答他。陈臻：齐国人，曾问孟子为什么接受宋、薛两国的馈金而不受齐王的馈金，孟子回答说：『君子不为钱财所收买』。周霄：魏国人，曾向孟子求问官职。孟子回答他，求官没有一定的方法，就像女子私奔，为父母及国人所轻视。彭更：孟子的弟子，曾向孟子提问车从传食的待遇是否过分奢侈的问题。孟子回答他，非其道，即使是一箪食也不能接受，遵从道，那么舜接受尧让出的天下也不为过。出处：出仕和隐居。去就：去职和就官。辞受：谦让和接受。取与：索取和给予。⑬伊尹：据传为商汤时的臣子，辅佐商汤建立了商朝。元圣：大圣。盛德大功：伟大的功德。本：根本，原本。驷：古人驾车，用四马，每乘车为一驷。一介：一芥，形容细微的东西。不视：指不看千驷。不取：指不取一芥。⑭伯夷：商末孤竹君的儿子，周灭商后，因不食周粟而死。『而其同者』二句：但他们相同的地方，就是不会为了得到天下去做一件不义的事、杀一个无辜的人。⑮罕言：很少说。罕，少。恒言：经常说。恒，常，经常。『谓忠与清』三句：见《论语·公冶长》。意为，说忠和清没有达到『仁』的程度，那不知道不忠和不清却能够来谈『仁』的，是没有这样的啊。⑯『谓不忮(zhì)不求』三句：说不嫉害、不贪求的人不足以透彻地了解道统，那不知道终身都在嫉害贪求着却能够来谈『道』的，是没有这样的啊。忮：嫉害。⑰博学于文：在掌握诗书礼乐和写文章方面要做到博学。行己有耻：意为自己的立身行事要有廉耻心。『自子臣』二句：从父

古文观止 卷十三 清文

李姬传① 侯方域

作者简介

侯方域（1618～1655），明末清初文学家，字朝宗，河南商丘人。明末与方以智、陈贞慧、冒襄齐名，并称"四公子"，颇得张溥、陈子龙的推重。入清后曾应河南乡试，中副榜。文与魏禧、汪琬齐名，称"清初三家"。其作品人物传记，形象生动，情节曲折，具有短篇小说特点。其论文书信，或痛斥权贵，或直抒胸怀，都能显示出他散文的流畅恣肆。有《壮悔堂文集》《四忆堂诗集》等。

原文

李姬者名香，母曰贞丽。贞丽有侠气，尝一夜博，输千金立尽。所交接皆当世豪杰，尤与阳羡陈贞慧善也。姬为其养女，亦侠而慧，略知书，能辨别士大夫贤否，张学士溥、夏吏部允彝急称之。②少风调皎爽不

子、君臣、兄弟、朋友一直到上报下达、内外交往、去职和就官、索取和给予的处世行为，都是"有耻"的事情。⑱恶（wù）衣恶食：不好的衣服和食物。恶，不好的。不被其泽：指不接受士人的恩惠。"万物"两句：万物无不具备于我，回头反省自身，都明诚朴实。语出《孟子·尽心上》。⑲无本之人：没有根本的人。"非好古"二句：不能喜欢古人的学问并多见闻，就会做空虚的学问。"吾见其"句：我看到他们每天追捧圣人的学说，却离他们越来越远啊。虽然：即便是这样。区区之见：见识浅微。自谦之词。私：私下，私自。同志：志向相同的人。起予：启发我。予，我。

古文觀止 卷十三 清文

群。十三岁，从吴人周如松受歌玉茗堂四传奇，皆能尽其音节。尤工琵琶词，然不轻发也。③雪苑侯生，已卯来金陵，与相识。姬尝邀侯生为诗，而自歌以偿之。④初，皖人阮大铖者，以阿附魏忠贤，论城旦，屏居金陵，为清议所斥。⑤阳羡陈贞慧、贵池吴应箕实首其事，持之力。大铖不得已，欲侯生为解之，乃假所善王将军，日载酒食与侯生游。⑥姬私语侯生曰："王将军贫，非结客者，公子盍叩之？"侯生三问，将军乃屏人述大铖意。⑦姬私语侯生曰："妾少从假母识阳羡君，其人有高义，闻吴君尤铮铮，今皆与公子善，奈何以阮公负至交乎？且以公子之世望，安事阮公！公子读万卷书，所见岂后于贱妾耶？"⑧侯生大呼称善，醉而卧。王将军殊怏怏，因辞去，不复通。⑨

未几，侯生下第。姬置酒桃叶渡，歌琵琶词以送之，曰："公子才名文藻，雅不减中郎。中郎学不补行，今琵琶所传词固妄，然尝昵董卓，不可掩也。⑩公子豪迈不羁，又失意，此去相见未可期，愿终自爱，无忘妾所歌琵琶词也！妾亦不复歌矣！"⑪

侯生去后，而故开府田仰者，以金三百锾邀姬一见。⑫姬固却之。开府惭且怒，且有以中伤姬。姬叹曰："田公岂异于阮公乎？吾向之所赞于侯公子者谓何？今乃利其金而赴之，是妾卖公子矣！"卒不往。⑭

选自《壮悔堂文集》卷五

注释

① 李姬：名香，又称李香君，明清之际南京秦淮河的一位名妓。作者侯方域出身于归德（今河南商丘）侯氏的世家望族，是明末复社的四公子之一，也是李香君倾心的对象。② 姬：古代人们对妇女的美称。贞丽：李香君的养母李淡如，明末南京秦淮河一带的名妓。尝：曾经。博：赌博。所交接：所交往的人。阳

羡：今江苏宜兴。陈贞慧：字定生，阳羡（江苏宜兴）人，明末复社领导人之一，曾与吴应箕等抨击阉党馀孽阮大铖。明亡，隐居不仕。贤否（pǐ）：善恶。张学士溥（pǔ）：张溥，复社发起人之一。曾为明朝进士，故称其为学士。夏吏部允彝（yí）：夏允彝，字彝仲，创立几社，与『复社』相呼应。明朝灭亡后，投水自杀。因曾在明朝吏部任过职，故称其为吏部。急：同『亟』，极。③风调：风韵格调。皎爽不群：开朗豪迈，性格和一般人不同。周如松：明末清初著名的昆曲家苏昆生。玉茗堂：明代戏剧家汤显祖的室名。四传奇：指汤显祖的四部传奇作品《紫钗记》、《还魂记》、《南柯记》、《邯郸记》。琵琶词：指明初高则诚的传奇《琵琶记》。轻发：轻易演唱。发，启封，开口。④雪苑侯生：指作者侯方域，自号『雪苑』，故称『雪苑侯生』。已卯：指崇祯十二年（1639）。金陵：南京的别称。偿：应对，酬答。⑤『初，皖人』六句：当初，安徽的阮大铖，因迎合附和阉党魏忠贤罪被充城旦劳役，闲居在金陵，为社会舆论所贬斥。阮大铖（chéng）：字圆海，少有俊才，为侯方域父侯恂所赏识。一开始依附阉党魏忠贤。阉党败后，被废为民。崇祯末年又依附奸臣马士英，在南京拥立福王，任兵部尚书，后向清政府投降。论：批决，定罪。城旦：秦汉时罪人所充劳役的一种，白天防寇，夜间筑城，一般以四年为期，这里指处徒刑服劳役。屏居：隐居。清议：公正的评论。这里指复社、几社对时政的议论。斥：指责，指斥。⑥贵池：今属安徽。吴应箕：复社领导人之一。明朝灭亡后，起兵抗清，兵败被俘，不屈而死。实首其事：实际上出头办这件事。持：掌握，主持。假：请托。所善：所交好的。王将军：姓王的将军。明朝时多以将军为武散官，而殿廷武士也称为将军。⑦结客：结交宾客。公子：泛指贵族子弟。这里指李香君对侯方域的称呼。盍：何不，为什么不。叩：询问。屏人：避开旁人。⑧假母：即养

古文觀止

卷十三 清文

母。阳羡君：指阳羡美人陈贞慧。高义：崇高的道义。吴君：指吴应箕。铮铮：形容性格像铁一样刚直。负……辜负。至交：最深挚的友情。世望：世家望族。这里也包含侯方域父亲曾参加东林党反对阉党为世人所敬仰的事。安：为什么。贱妾：古代妇女谦称自己为『贱妾』。⑨殊：很，特别。怏怏：因不满或不平而心中不高兴。因：于是。不复通：不再交往。⑩未几：不久，没多久。下第：落第，科举考试不中。这里是指侯方域参加应天府乡试落榜。置酒：置办酒席。桃叶渡：在南京城内秦淮河畔，相传东晋王献之曾在这里送其爱妾桃叶渡河，后人名之『桃叶渡』。才名文藻：才能、名望、文采、辞藻。雅：一向，向来。中郎：指东汉左中郎将蔡邕。学不补行：学问虽好却不能弥补品行上的缺点。固，本来。尝昵董卓：蔡邕在汉灵帝时，因议政触犯权幸获罪，被流放朔方。遇赦后，流落江湖十余年。董卓专权，蔡邕因媚附董，官至左中郎将。尝，曾经；昵，亲近。掩：遮蔽，掩盖。⑪『公子』三句：侯公子您性格豪爽风流，加上科场考试失意，这次离去，不知道什么时候才能再次相见。未可：不可。期：约会，约定时日。愿：希望。终：始终。自爱：自己珍惜自己。⑫故：从前的，原来的。开府：明清时对各省巡抚的称呼。田仰：明末奸臣马士英的亲戚，南明福王时为淮阳巡抚。锾（huán）：古代重量单位，每百锾相当于现在的三斤。⑬固却之：坚决拒绝了他。固，意为坚决。却，推辞，拒绝。之，指示代词，代指田仰。惭且怒：惭愧并恼怒。『且有以』句：将有中伤李姬的打算。有以：有所，『有……条件』，『有……办法』。⑭岂异于……不同。岂，难道。『吾向』句：我过去被侯公子所称赞的原因是什么呢？向，以往，过去。赞于，被……称赞。卖：这里意为出卖、负心。卒：终于。

口技①

林嗣环

作者简介

林嗣环,生卒年不详,字铁崖。福建晋江人,顺治年间进士,曾因事谪戍边疆,后遇赦放还,客死武林(杭州的别称)。著有《铁崖文集》、《湖舫存稿》。

原文

京中有善口技者。会宾客大宴,于厅事之东北角,施八尺屏幛,口技人坐屏幛中,一桌、一椅、一扇、一抚尺而已。众宾团坐。少顷,但闻屏幛中抚尺一下,满座寂然,无敢哗者。② 遥闻深巷中犬吠,便有妇人惊觉欠伸,其夫呓语。既而儿醒,大啼。夫亦醒,令妇抚儿乳,儿含乳啼,妇拍而呜之。③ 夫起溺,妇亦抱儿起溺。床上又一大儿醒,狺狺不止。④ 当是时,妇手拍儿声,口中呜声,儿含乳啼声,大儿初醒声,床声,夫叱大儿声,溺瓶中声,溺桶中声,一齐凑发,众妙毕备。⑤ 满座宾客,无不伸颈侧目,微笑默叹,以为妙绝也。⑥

既而夫上床寝。妇又呼大儿溺,毕,都上床寝。小儿亦渐欲睡。夫鼾声起,妇拍儿亦渐拍渐止。⑦ 微闻有鼠作作索索,盆器倾侧,妇梦中咳嗽之声。宾客意少舒,稍稍正坐。⑧

忽一人大呼:『火起!』夫起大呼,妇亦起大呼。两儿齐哭。俄而百千人大呼,百千儿哭,百千犬吠。⑨ 中间力拉崩倒之声,火爆声,呼呼风声,百千齐作;又夹百千求救声,曳屋许许声,抢夺声,泼水声,凡所应有,无所不有。⑩ 虽人有百手,手有百指,不能指其一端;人有百口,口有百舌,不能名其一处

卷十三 清文

六七九

古文觀止

古文觀止 卷十三 清文

也。于是宾客无不变色离席，奋袖出臂，两股战战，几欲先走。⑫而忽然抚尺一下，众响毕绝。⑬撤屏视之：一人、一桌、一椅、一扇、一抚尺而已。⑭

选自《虞初新志·秋声诗自序》

注释

①林嗣环的经历坎坷，在其作品中常流露出叹世悲秋的情感。林嗣环把自己创作的诗歌仿宋欧阳修的《秋声赋》，定名为《秋声诗》。这篇《口技》是《秋声诗》自序的一部分（略有删节）。②会：恰逢，正好。厅事：原指官府办公的地方，后私宅的堂屋也叫厅事。施：设置。屏幛：用布帛围成的遮蔽屏风。抚尺：说书艺人表演时所用的拍板，拍案引起听众注意。团坐：指环绕着坐下。少顷：顷刻，片刻。寂然：寂静无声的样子。③惊觉：惊醒。欠伸：打哈欠和伸懒腰。呓语：说梦话。④既而：不久，一会儿。呜之：给他哼唱。⑤夫起溺：丈夫起身去尿尿。溺(niào)：古"尿"字。狺(yín)狺：狗叫声，这里形容孩子的哭闹声。⑥当是时：在这个时候。叱(chì)：大声呵斥。众妙毕备：各种奇妙的声响感受全部齐备。⑦默叹：暗自赞叹。默，暗中，心中。⑧齁(hōu)声：即鼾声。⑨作作索索：形容老鼠活动时发出的细微的声音。⑩俄而：不久。⑪力拉：用力拉动。崩倒：倒塌。曳：拖，拉。许(hǔ)许：这里指大火燃烧的声音。⑫而：连词，起连接句子的作用，无实义。毕绝：全部声响都没有了。⑬股：大腿。几欲：几乎要。舒：略微放松。少，稍微，略微。稍稍：渐渐。端：方面。名：说出。奋袖：挥动衣袖。两股战战：两腿发抖的样子。⑭撤屏视之：撤掉屏风一看。

江天一传①

汪琬

作者简介

汪琬（1624~1691），字苕文，号钝庵，晚号尧峰，又号玉遮山樵。江苏长洲（今属苏州）人。顺治（1644~1661）进士。曾任户部主事、刑部郎中等职。康熙时举博学宏词科，授翰林院编修，参与纂修《明史》。后因病隐居太湖尧峰山，专心著述。精通经学，长于古文，与魏禧、侯方域齐名，号"清初三大家"。汪琬擅写记叙文，《清史稿》称其为文"叙事有法，公卿志状皆争得琬文为重"。汪琬为文主张"如神龙之蜿蜒而不露其首尾"，即文章要按照中心文意恰当构思，自然行文，使意脉流畅。著有《钝翁类稿》、《尧峰文钞》等。

原文

江天一，字文石，徽州歙县人。少丧父，事其母及抚弟天表，具有至性。尝语人曰："士不立品者，必无文章。"前明崇祯间，县令傅岩奇其才，每试辄拔置第一。年三十六，始得补诸生。②家贫屋败，躬负土筑垣以居。覆瓦不完，盛暑则暴酷日中。雨至，淋漓蛇伏，或张敝盖自蔽。家人且怨且叹，而天一挟书吟诵自若也。③

天一虽以文士知名，而深沉多智，尤为同郡金金事公声所知。当是时，徽人多盗，天一方佐金事公，用军法团结乡人子弟，为守御计。④而会张献忠破武昌，总兵官左良玉东遁，麾下狼兵哗于途，所过焚掠。将抵徽，徽人震恐，金事公谋往拒之，以委天一。天一腰刀帕首，黑夜跨马，率壮士驰数十里，与狼兵鏖战祁门，斩馘大半，悉夺其马牛器械，徽赖以安。⑥

顺治二年夏五月，江南大乱，州县望风内附，而徽人犹为明拒守。⑦六月，唐藩自立于福州，闻天一名，授监纪推官。⑧先是，天一言于金事公曰：「徽为形胜之地，诸县皆有阻隘可恃，而绩溪一面当孔道，其地独平迆，是宜筑关于此，多用兵拒之，以与他县相掎角。」⑨逐筑丛山关。已而清师攻绩溪，天一日夜援兵登陴不少怠；间出逆战，所杀伤略相当。于是清师以少骑缀天一于绩溪，而别从新岭入。⑩守岭者先溃，城遂陷。

大帅购天一甚急。天一知事不可为，遽归，属其母于天表，出门大呼：「我江天一也。」⑪遂被执。有知天一者，欲释之。天一曰：「若以我畏死耶？我不死，祸且族矣。」遇金事公于营门，公目之曰：「文石！汝有老母在，不可死。」笑谢曰：「焉有与人共事而逃其难者乎！公幸勿为我母虑也。」⑫至江宁，总督者欲不问，天一昂首曰：「我为若计，若不如杀我。我不死，必复起兵。」遂牵诣通济门。⑬既至，大呼高皇帝者三，南向再拜讫，坐而受刑。观者无不叹息泣下。越数日，天表往收其尸，瘗之。而金事公亦于是日死矣。⑭

当狼兵之被杀也，凤阳督马士英怒，疏劾徽人杀官军状，将致金事公于死。天一为赍辨疏，诣阙上之。复作《吁天说》，流涕诉诸贵人，其事始得白。⑮自兵兴以来，先后治乡兵三年，皆在金事公幕时，幕中诸侠客号知兵者以百数，而公独推重天一，凡内外机事悉取决焉。其后竟与公同死，虽古义烈之士无以尚也。⑯

予得其始末于翁君汉津，遂为之传。⑰⑱

汪琬曰：方胜国之末，新安士大夫死忠者有汪公伟、凌公駉与金事公三人，而天一独以诸生殉国。予闻：天一游淮安，淮安民妇冯氏者刲肝活其姑，天一征诸名士作诗文表章之，欲疏于朝，不果。⑳盖其人好奇尚气类如此。

天一本名景，别自号石嫁樵夫。翁君汉津云。㉑

选自《尧峰文钞》卷三十四

注释

① 汪琬主张写文章要按照中心思想来构思，使文意流畅。这篇《江天一传》就体现了作者的这一艺术构想。② 『少丧父』三句：少年丧父，就侍奉赡养他的母亲和照料弟弟天表，具有淳厚的性情。事：侍奉，服侍。抚：抚养，照料。天表：即江天一的弟弟。至性：淳厚的性情，这里特指孝亲之情。『士不二句：文士不能树立起良好的品德修养的，一定不会有礼乐法度方面的学问。立品：即『立德』，树立品德修养。文章：这里指礼乐法度。崇祯：明崇祯皇帝的年号（1628～1644）。傅岩：明崇祯进士，字野清，义乌（在今浙江金华）人。他任歙（shè）县令时，拔江天一补郡学生员。辄（zhé）：总是。拔：拔置，选拔。诸生：指明清时经省各级考试录取入府、州、县学的生员。③ 躬：亲身，亲自实行。奋（bēn）：编织的盛物器具。筑垣：修建围墙。垣，指矮墙。完：完全，完整。暴：同『曝』，晒。敝盖：破旧的草房顶。『雨至』三句：雨季到来，滴流中像蛇虫一样地蜷伏着，或者张开破败的草房顶来遮蔽自己。挟（xié）：指夹在腋下。自若：依然如故。④ 金金（qiān）事公声：指金声，明崇祯进士，曾授山东金事，南明福王授指左金都御史，故作者尊称为『金事公』。是时：这个时候。佐：辅佐，辅助。⑤ 而：连词，这里起连接句

古文觀止 卷十三 清文

子的作用,无实义。会⋯⋯正逢,恰巧。张献忠⋯⋯明末农民起义军领袖,崇祯十六年(1643)攻克武昌。左良玉⋯⋯明末名将,因与清军作战有功,被提升为副将,后因镇压农民起义,被提升总兵官,南明福王时晋封宁南侯,驻武昌。遁⋯⋯逃。麾下⋯⋯即部下。狼兵⋯⋯明代以广西狼人组成的军队。狼人即俍人,明清时分布在广西一带的僮族。⑥谋⋯⋯谋划。委⋯⋯托付,交付。帻(zé)⋯⋯首⋯⋯用头巾包头。祁门⋯⋯今安徽祁门县。斩馘(guó)⋯⋯斩首。馘,指割下左耳。悉⋯⋯全,都。⑦顺治二年⋯⋯公元1645年。内附⋯⋯归顺中央政权,指降清。⑧『唐藩』句⋯⋯指明藩室唐王朱聿键于清顺治二年六月在福州称帝,年号隆武。监纪⋯⋯监察纲纪。推官⋯⋯元明时各府专管刑狱的官吏。⑨『徽为』二句⋯⋯徽州地理条件优越,各县都有险要关隘可以依凭。绩溪⋯⋯古县名,在今安徽歙县东北。孔道⋯⋯大路,通道。孔,大。平迤(yí)⋯⋯平而斜着延伸。宜⋯⋯合适。倚(yǐ)角⋯⋯即『犄角』,指分兵牵制或夹击敌人。⑩已而⋯⋯旋即,马上。陴(pí)⋯⋯指城上呈凹凸形的矮墙。少怠⋯⋯稍微懈怠。少,稍稍,稍微。间出⋯⋯相机而出。逆战⋯⋯迎战,抵抗。缀(chuò)⋯⋯牵制。新岭⋯⋯在安徽休宁南七十里,明御史黄澍向清朝投降,引导清军攻破新岭,攻入绩溪。⑪大帅⋯⋯指清军统率。购⋯⋯悬赏以求。遽(jù)⋯⋯迅疾。属⋯⋯同『嘱』,委托。天表⋯⋯江天一的弟弟江天表。⑫『若以』三句⋯⋯你认为我怕死吗?如果我不死,大祸就要灭族了。若⋯⋯你。族⋯⋯灭族,指一人有罪,父母兄弟妻子也要受到牵连。『焉有』句⋯⋯哪有和人共事却躲避灾祸的呢?幸⋯⋯敬词,表示对方这样做使自己感到幸运。⑬江宁⋯⋯今江苏南京。总督者⋯⋯指洪承畴,原为明三边总督、兵部尚书,后降清,坐镇江宁,总督军务,镇压抗清力量。若⋯⋯你。计⋯⋯考虑,打算。牵⋯⋯拘缚。诣(yì)⋯⋯往,到。通济门⋯⋯南京明城墙南门。⑭高皇帝⋯⋯指明太祖朱元璋。南向⋯⋯指面向南而拜,表示不归顺北方的清朝。讫(qì)⋯⋯止,完。越数日⋯⋯过了几天。瘗

古文觀止

卷十三 清文

六八五

游钓台记① 郑日奎

作者简介

郑日奎（约1674年前后在世），清初文学家、文论家。字次公，号静庵，贵溪（今属江西）人。顺治十六年（1669）进士，授庶吉士，散馆，授礼部主事。康熙十一年（1672）与清神韵派诗人王士禛同典四川乡试，士禛诗有"水部风流似郑虔"句，即为郑日奎而咏。有《静庵集》十二卷。

⑮马士英：明末专擅国政，起用阉党，贿赂公行，导致朝廷上下一片混乱。后被清军俘获斩首。疏：古代上呈给皇帝的奏章。劾（hé）：检举揭发。⑯贵（wèi）：送，呈递。辨疏：申诉冤情的奏章。诣阙：到皇宫。诣，往，到。白：彰明。⑰兵兴：战争兴起。"幕中"二句：金佥事公幕府中各位豪侠之士声称懂得军事的人有百数人，而金佥事公独独推重江天一。机事：机密要事。尚：加，超过。⑱翁君汉津：翁汉津，生平不详。"君"是对他的敬称。⑲胜国：这里指明朝。新安：安徽歙州、徽州所辖地的别称。死忠：死于忠烈。汪公伟：指汪伟，崇祯进士。李自成攻破北京时，时任东宫讲官的汪伟自缢而亡。凌公駉（jiōng）：指凌駉，崇祯进士。南明福王授监察御史，巡按河南守归德（今河南商丘）。清兵渡黄河南下，城破自缢而亡。殉国：为国家献身。⑳刲（kuī）：割取。表章：同"表彰"，显扬。果：实现，完成。㉑好奇尚气：爱好奇特人事，推崇气度品质。类：大抵，大都。石嫁樵夫：江天一的别号。

（vǐ）：埋葬。

古文觀止 卷十三 清文

原文

釣台在浙東，漢嚴先生隱處也。先生風節，輝映千古，予夙慕之。②因憶富春、桐江諸山水，得藉先生以傳，心奇甚，思得一遊為快。顧是役也，奉檄北上，草草行道中耳，非遊也。然以為遊，則亦遊矣。舟發自常山，由衢抵嚴，凡三百餘里，山水皆有可觀。③第目之所及，未暇問名，領之而已。惟誡舟子以過七里灘必予告。④越日，舟行萬山中，忽睹雲際雙峰，崭然秀峙，覺有異，急呼舟子曰：『若非釣台耶！』⑤曰：『然矣！』舟稍近，迫視之，所謂兩台，實兩峰也。台稱之者，後人為之也。⑥台東西峙，相距可數百步，石鐵色，陡起江干，數百仞不肯止。⑦巉岩傲睨，如高士並立，風致岸然。崖際草木亦作冷狀。⑧樹多松，疏疏羅植，偃仰離奇各有態；倒影水中，又有如游龍百餘，水流波動，勢欲飛起。⑨峰之下，先生祠堂在焉。意當日垂綸應在是地，固無登峰求魚之理也。⑩故曰：『峰也，而台稱之者，後人為之也。』

⑪山既奇秀，境復幽蒨。欲艤舟一登，而舟子固持不可，不能強，因致禮焉，遂行。於是足不及遊而目遊之。⑫俯仰間，清風徐來，無名之香，四山颺至，則鼻遊之。舟子謂灘水甚佳，試之良然，蓋是即陸羽所品十九泉也，則舌遊之。⑬頃之，帆行峰轉，瞻望不及矣。返坐舟中，細擇其峰巒起止，徑路出沒之態。恍間，如舍舟登陸，如披草尋磴，如振衣最高處。⑭下瞰群山趨列，或秀靜如文，或雄拔如武，大似雲台諸將相，非不杰然卓立，覺視先生，悉在下風，蓋神遊之矣。⑮思稍倦，隱几卧，而空濛滴瀝之狀，竟與魂魄往來。於是乎並以夢遊，覺而日之夕矣。舟泊前渚，人稍定，呼舟子，勞以酒。⑯細詢之曰：『若嘗登釣台乎？山中之景何若？其上更有異否？四際雲物，何如奇也？』⑰舟子具能答之，於是乎並以耳遊。嘻嘻！快也。

矣哉,是游乎!⑱

客或笑谓:"郑子足未出舟中一步,游于何有?""嗟乎!客不闻乎!昔宗少文卧游五岳,孙兴公遥赋天台,皆未尝身历其地。⑲余今所得,较诸二子,不多乎哉?故曰:以为游,则亦游矣!"客曰:"微子言,不及此。虽然,少文之书,兴公之文,盍处一焉以谢山灵?"㉑余窃愧未之逮也,遂为之记。㉒

选自《续古文观止》

注释

①这篇《游钓台记》是郑日奎从浙江南部常山县到严州公干,沿衢(qú)江、富春江顺流而下,道经东汉隐士严光隐居的七里滩钓台,一路观赏所写的游记。②钓台:在今浙江桐庐南的富春江侧,据传为东汉高士严光渔钓处。汉严先生:指东汉的严光,少有高名,与汉光武帝同游学。光武帝即位,严光隐居不见。光武帝多次招聘,不就,耕于富春山。风节:风度气节。夙(sù):向来,一向。③富春:浙江桐庐西有富春山,前临富春江,为钱塘江上游。桐江:指钱塘江中游从严州到桐庐一段。藉:同"借",凭借、借助的意思。顾:不过,只是。是役:这次差役。是,这。檄(xí):古代官府用以征召、晓谕、声讨的文书。④常山:古县名,在今浙江省南部。衢:衢州府,治所在今浙江衢县。严:严州府,治所在今浙江建德。⑤第⋯⋯只是:暇:空闲,空暇。颔(hàn):点头,对……点头。诫:告诫。舟子:指船夫。七里滩:又名七里濑(lài)、七里泷(lóng),富春江中游的一段,在桐庐南。予告:即"告予",告诉我。予,我。⑥越日:明日,明天。嶻然秀峙:高峻挺拔地对立着。若:代词,这样,这个。⑦所谓:所说的。"台称之者"二句:是后人称之为台的啊。⑧可:大约。陡起:指峻峭而立。江干:江边。干,崖。仞:古代以八尺或七尺

古文观止

卷十三 清文

六八七

古文觀止 卷十三 清文

为一切。不肯……不会。⑨巉岩……高峻的岩石。傲睨……轻慢，轻蔑。风致……风度，容貌举止。岸然……高傲、庄严的样子。严冷……严峻，冰冷。形容不可亲近的样子。⑩疏疏罗植……形容排列有致的样子。疏，通"疏"。偃仰……俯仰。⑪意……料想。垂纶……本意为垂丝钓鱼，这里指隐居。一定。⑫幽蒨……草茂盛的样子。舣舟……靠岸停泊船。舟子固持不可……船夫坚持认为不行。固，坚持。不能强……不能勉强。因……于是，就。致礼……向（船夫）表达礼节。及……至，到。⑬飔至……指风从四面的山峰吹来。良然……确实是这样。陆羽……唐代隐士，被尊为"茶圣"，曾著有《茶经》三篇。⑭顷之……不久，一会儿。细择……疑为"绌绎（chōuyì）"，指理出头绪。惝恍（chǎnghuǎng）……迷迷糊糊，不清楚。披草……分开草丛。磴……石磴，石级台阶。振衣……指抖掉衣服上的灰尘。⑮瞰……俯视。趋列……随行就势的样子。"大似云台"四句……群山不是不高耸直立，感觉和钓台相比，就都处于下风，就像云台诸将相比不上严光一样。云台诸将相……指汉明帝把辅佐光武帝刘秀恢复汉室中兴的功臣邓禹、马成等二十八人的像刻在南宫云台上。⑯座前小桌。空濛……雨雾迷茫。滴沥……水珠下滴。魂魄……人的精神。觉……指睡醒。渚……水中小洲。劳……慰劳。⑰询……询问。若……你。何若……如何，怎么样。相当于"何故"。⑱快……畅快。矣哉……语气加重的感叹词。⑲或……又。嗟乎……语气词，表慨叹。"昔宗少文"句……南朝宋人宗炳，字少文。宋高祖屡召为官，皆不就。善书画，喜游山水。后因病还江陵，把所游历过的五岳画在室内墙上，自称要"卧以游之"。"孙兴公"句……东晋孙绰（chuò），非常博学，善于写文章。曾写有《游天台山赋》，赋成，示友人曰："卿掷地，当作金石声也。"未尝……从来没有，从不。⑳较诸……比之于，和……相比。㉑"微子言"二句……（如果）没有您的叙说，我都想不到这些。微……无，（如果）没有。虽然……虽然如此。然，如此，这样。盍……何

狱中杂记① 方苞

作者简介

方苞（1668~1749），清代散文家。字灵皋，号望溪。安徽桐城人。康熙年间进士。曾因戴名世《南山集》案入狱，后得赦，命入值南书房。雍正（1723~1735）时为一统志馆总裁，皇清文颖馆副总裁，乾隆（1736~1795）时官礼部右侍郎。论文提倡『义法』，即写文章要做到『言有物』和『言有序』，强调文章要有意蕴、结构，语言要简洁，为桐城派散文创始人，与姚鼐、刘大櫆合称桐城三祖。有《方望溪先生全集》。

原文

康熙五十一年三月，余在刑部狱，见死而由窦出者，日四三人。有洪洞令杜君者，作而言曰：『此，疫作也。今天时顺正，死者尚稀，往岁多至日十数人。』②余叩所以，杜君曰：『是疾易传染，遘者虽戚属，不敢同卧起。而狱中为老监者四，监五室。禁卒居中央，牖其前以通明，屋极有窗以达气。③旁四室则无之，而系囚常二百馀。每薄暮下管键，矢溺皆闭其中，与饮食之气相薄；又隆冬，贫者席地而卧，春气动，鲜不疾矣。④狱中成法，质明启钥。方夜中，生人与死者并踵顶而卧，无可旋避。⑤此所以染者众也。又可怪者，大盗积贼、杀人重囚，气杰旺，染此者十不一二，或随有瘳；其骈死，皆轻系及牵连佐证，法所不及者。⑥

余曰：『京师有京兆狱，有五城御史司坊，何故刑部系囚之多至此？』杜君曰：『迩年狱讼，情稍重，京兆、五城即不敢专决；又九门提督所访缉纠诘，皆归刑部；而十四司正副郎好事者，及书吏、狱官、禁卒，皆利系者之多，少有连，必多方钩致。苟入狱，不问罪之有无，必械手足，置老监，俾困苦不可忍，然后导以取保，出居于外，量其家之所有以为剂，而官与吏剖分焉。⑦中家以上，皆竭资取保；其次，求脱械居监外板屋，费亦数十金；唯极贫无依，则械系不稍宽，为标准以警其馀。或同系，情罪重者反出在外，而轻者、无罪者罹其毒。积忧愤，寝食违节，及病，又无医药，故往往至死。⑧及牵连未结正者，别置一所以羁之，手足毋械，所全活可数计哉？或曰：「狱旧有室五，名曰现监，讼而未结正者居之。倘举旧典，可小补也。」』杜君曰：『上推恩，凡职官居板屋，今贫者转系老监，而大监有居板屋者，此中可细诘哉！不若别置一所，为拔本塞源之道也。』⑨余伏见圣上好生之德同于往圣，每质狱辞，必于死中求其生。而无辜者乃至此。倘仁人君子为上昌言，除死刑及发塞外重犯，其轻系及牵连未结正者，别置一所，得无械手足，置老监，俾困苦不可忍。又某氏以不孝讼其子，左右邻械系入老监，号呼达旦。余感焉，以杜君言泛讯之，众言同，于是乎书。⑪

凡死刑狱上，行刑者先俟于门外，使其党入索财物，名曰『斯罗』。富者就其戚属，贫则面语之。⑫其极刑，曰：『顺我，即先刺心；否则，四肢解尽，心犹不死。』其绞缢，曰：『顺我，始缢即气绝；否则，三缢加别械，然后得死。』唯大辟无可要，然犹质其首。⑬用此，富者赂数十百金，贫亦罄衣装；绝无有者，则治之如所言。主缚者亦然：不如所欲，缚时即先折筋骨。每岁大决，勾者十四三，留者十六七，皆缚

山水花卉图（之一） 明·文嘉

此图写群山绕湖，近处矶石突出湖岸，水榭、茅舍掩映于丛林间。有两老者于水榭倚栏谈论，情绪亢奋，静中见动。对岸重岭叠峦淡勾浓点，有萧疏之气。用笔粗放豪迈，意境清远。

至西市待命。其伤于缚者，即幸留，病数月乃瘳，或竟成痼疾。⑭

余尝就老胥而问焉："彼于刑者、缚者，非相仇也，期有得耳；果无有，终亦稍宽之，非仁术乎？"曰："是立法以警其馀，且惩后也；不如此，则人有幸心。"

讯者三人：一人予二十金，骨微伤，病间月；一人倍之，伤肤，兼旬愈；一人六倍，即夕行步如平常。或叩之曰："罪人有无不均。既各有得，何必更以多寡为差？"曰："无差，谁为多与者！"孟子曰："术不可不慎。"信夫！⑯

部中老胥，家藏伪章，文书下行直省，多潜易之，增减要语，奉行者莫辨也。其上闻及移关诸部，犹未敢然。功令：大盗未杀人，及他犯同谋多人者，止主谋一二人立决；馀经秋审，皆减等发配。⑰狱辞上，中有立决者，行刑人先俟于门外。命下，遂缚以出，不羁晷刻。有某姓兄弟，以把持公仓，法应立决，狱具矣。胥某谓曰："予我千金，吾生若。"叩其术，曰："是无难。别具本章，狱辞无易，但取案末独身无亲戚者二人，易汝名，俟封奏时潜易之而已。"⑱其同事者曰："是可欺死者，而不能欺主谳者；倘复请之，吾辈无生理矣。"胥某笑曰："复请之，吾辈无生理，而主谳者亦各罢去。[20]彼不能以二人之命易其官,则吾辈终无死道也!"竟行之,案末二人立决。主者口呿舌挢,终不敢诘。余在狱,犹见某姓,狱中人群指曰:"是以某某易其首者。"胥某一夕暴卒,众皆以为冥谪云。[21]

凡杀人,狱辞:"无谋、故者经秋审入矜疑,即免死。"吏因以巧法。有郭四者,凡四杀人,复以矜疑减等,随遇赦。将出,日与其徒置酒酣歌达曙。或叩以往事,一一详述之,意色扬扬,若自矜诩。[22]噫!渫恶吏忍于鬻狱,无责也;而道之不明,良吏亦多以脱人于死为功,而不求其情。其枉民也,亦甚矣哉。[23]

奸民久于狱,与胥卒表里,颇有奇羡。山阴李姓以杀人系狱,每岁致数百金。康熙四十八年以赦出,居数月,漠然无所事。其乡人有杀人者,因代承之。盖以律:非故杀,必久系,终无死法也。五十一年,复援赦减等谪戍。叹曰:"吾不得复入此矣!"[24]故例,谪戍者移顺天府羁候。时方冬,停遣。李具状求在狱,候春发遣。至再三,不得所请,怅然而出。[25][26]

选自《望溪先生集外文》卷六

注释

① 方苞因戴明世《南山集》文字狱一案被牵连入狱。这篇《狱中杂记》就是方苞记述狱中见闻的纪实性文章。② 康熙五十一年:指公元1712年。窦:孔穴。这里指墙壁上开的小洞。洪洞令:洪洞县令。作:起来,起立。疫作:疫情蔓延。作,兴起。顺正:和顺。③ 叩:询问。所以……的原因。是疾:这种疾病来。"而狱中"二句:监狱中分四个老监舍,是,这。迈(gòu)者:被传染的人。迈,遇,逢。戚属:即亲属。牖(yǒu):窗。屋极:屋顶。达:通。矢溺:每个老监舍内有五个牢房。禁卒:这里指狱警。④ 管键:锁。

屎尿。古『尿』字。相薄：相迫，相接近。薄，靠近，迫近。鲜：少。⑤成法：老规矩。质明：天正明。启钥：开锁。踵顶：脚跟接头顶。旋避：回避。⑥气杰旺：指精力旺盛。或随有瘳（chōu）：意思是说有人染病后随即就痊愈了。瘳，病愈，病好。『其骈死』三句：那些接二连三死去的，都是些轻罪入狱和被牵连作证，按照法律不应该判罪的人。骈：并列。轻系：罪轻的犯人。佐证：这里指证人。迩（ěr）：近年。迩，近。专决：独自决定。九门提督：清代的官名，北京外城九个城门的步兵统领。访缉：访查捉拿。纠（jiū）诘：检举审讯。纠，同『纠』。十四司正副郎：清初刑部设十四司，司的主官称郎中，副主官称员外郎，统称郎官。好事者：喜欢多事的人。书吏：管理公文的办事员。『皆利』句：都把拘禁囚犯很多当作好的。利：以……为利。少有连：少有牵连。钩致：指多方探求罗致。⑧苟：假如，如果。械：刑具拴带。同系：同案犯。雁（三）……遭遇，遭受。违节：不合分寸。违，违反，不合于。⑩『余伏见』句：我看当今皇上珍爱生命的恩德和以往的圣君是一样的。伏：表示对君王的敬畏。好生之德：珍爱生命的恩德。质：评量，质证。昌言：善言，正言。结正：结案判定。『倘仁人』句：假如仁人君子为皇上进善言。『手足』二句：手脚不要加囚械，所能保全性命的能够查点统计出来。『倘举』二句：如果称引旧的典条，能够略作补充。推恩：意为施恩惠给他人。细诘：仔细追问。拔本塞源：喻指毁灭根本。⑫狱上：案件报上去。狱，指案件。案犯。同官：同僚。僧某：姓僧的某人。泛讯：一般地询问。

⑦京兆狱：京

古文观止

卷十三 清文

六九三

古文觀止 卷十三 清文

等待。斯罗：同「撕啰」，北京方言，应付，解决。就：靠近，接近。⑬缢（yì）：勒死。「三缢」句：绞了三次再用别的刑具。大辟：指斩首。要：要挟。质其首：用头颅做抵押（来勒索钱财）。⑭赂：贿赂。磬：用尽。主缚者：负责捆绑的人。大决：古代执行死刑集中在秋季，所以叫大决或秋决。「勾者」二句：死刑案件中由皇帝朱笔打勾处决的十有三四人；没有打勾，留待第二年秋决的十有六七人。西市：当时京城的刑场。「或竟成」句：有的竟然成了残废。痼疾：指经久难治愈的病。⑮胥：官府中的小吏。期：希冀，希望得到。仁术：好事。幸心：指侥幸心理。⑯主梏（gù）朴者：掌管施刑的人。梏，械，这里用作动词。木讯：这里指加上刑具拷打审问。兼旬：两旬，二十天。「罪人」三句：意为罪犯的贫富状况是不一样的。既然狱吏们各有所得，何必再以赂金的多少来对待他。差：指待遇有差别。「术不可」句：选择职业不能使他免不了多做坏事。语出《孟子·公孙丑》。坏人，可是他选择的职业使他免不了多做坏事。⑰直省：直辖于中央政府的行省。潜易：偷偷更换。潜，暗中。易，换。奉行者：遵照执行的人。「其上闻」句：那些上奏皇帝和送达中央政府的公文。移关：移文和关文，属平行机关之间的来往公文。功令：政府法令。立决：立刻处死。秋审：指每年秋天，刑部会同有关京官审核死刑案件。发配：意为流放。⑱狱辞：审判的文书。不羁晷（guǐ）刻：不停片刻。羁，停留。「法应」两句：案件已经判决，按法律条文应立刻处死。⑲吾生若：我让你活命。生，使……生还。若，你。叩其术：询问他的办法。是：这，这个。别具：另外写就。本章：奏本。狱辞无易：判决文书不作改动。侯：等待。封奏：将审判书加封上奏。⑳其同事者：指胥某的同事。主谳（yàn）者：指主审的法官。谳，判案。倘复请之：如果再次向皇帝请示。生理：生的道理。罢去：被罢去官。㉑「彼不能」二句：他（主

古文觀止 卷十三 清文

憨子记 ①

谢济世

作者简介

谢济世（1689～1756），字石霖，号梅庄，广西全州人。康熙五十一年（1712）进士，授翰林院检

谳者）不能用二人的命断换他的官位，所以我辈终究没有死的道理啊。案末二人：指同案犯中罪较轻的二人。立决：立马处死。口呿（qū）舌挢（jiāo）：张口结舌。诘：责问，反问。冥谪：迷信说法，指阴间责罚。㉒『狱辞』三句：监狱的有关条例规定：不是预谋或故意杀人的，经过秋天审判，列入『矜（jīn）疑』一类，就可以免除死罪。无谋：没有预谋。故者：故意（杀人）的。矜疑：意为其情可悯，其罪可疑。清朝审判犯人分情实、缓决、可矜、可疑四类，入矜疑类案件可以减罪。哀怜，怜悯。故以巧法：借此违法舞弊。随：随即，接着。矜诩（xǔ）：得意。㉓『渫恶吏』二句：贪官污吏贪赃枉法，没有人责怪他们。渫（xiè）：污。鬻（yù）：卖。道之不明：指是非之道不明。情：实情。㉔表里：指内外勾结。奇羡：巨额盈利。羡，盈余。致：送到，送达。康熙四十八年：公元1709年。因：于是。承：承受。㉕『盖以律』四句：援赦：引用赦免条对照律条，并非故意杀人，一定会被长期羁押，最终没有死罪。五十一年：公元1712年。㉖故例：原先的惯例。故，旧的，原来的。移：迁移，迁徙。顺令。减等：减轻处罚。谪戍：充军到边地。天府：治所在今北京。羁候：停留等候。羁，停留。遣：指放逐。『李具状』二句：山阴李姓写了陈述情况的状子，请求留在狱中，等待明年春天再被发配放逐。怅然：失意、懊恼的样子。

讨，历官至浙江道御史。雍正四年（1728）在监察御史任上，以参劾雍正帝幸臣田文镜得罪，发遣至阿尔泰军前效力。乾隆初（1736）召还，补江南道御史，转湖南粮储道。屡次上书言事，多得罪人，声名震天下。有《以学居业集》、《篆言内外篇》等。

原文

梅庄主人在翰林，佣仆三：一黠，一朴，一戆。①

一日，同馆诸官小集，酒酣，主人曰：「吾辈兴阑矣，安得歌者侑一觞乎？」黠者应声曰：「有。」既又虑戆者有言，乃白主人，以他故遣之出，令朴者司阍，而自往召之。召未至，戆者已归，见二人抱琵琶到门，咤曰：「胡为来哉？」黠者曰：「奉主命。」戆者厉声曰：「吾自在门下十馀年，未尝见此辈出入，必醉命也！」挥拳逐去，客哄而散，主人愧之。④

一夕，燃烛酌酒校书。天寒，瓶已罄，颜未酡。黠者眴朴者再沽，遭戆者于道，夺瓶还谏曰：「今日二瓶，明日三瓶，有益无损也。」⑤多酷伤费，多饮伤生，有损无益也。」主人强颔之。

既而改御史。早朝，书童掌灯，倾油污朝衣。黠者顿足曰：「不吉！」主人怒，命朴者行杖。戆者止之，谏曰：「仆尝闻主言：古人有羹污衣、烛燃须不动声色者，主能言不能行乎？」⑦主人迁怒曰：「尔欲沽直邪？市恩邪？」应曰：「恩自主出，仆何有焉？仆效愚忠，而主曰『沽直』。主今居言路，异日跪御榻与天子争是非，坐朝班与大臣争献替，弃印绶其若屣，甘迁谪以如归，主亦『沽直』而为之乎？人亦谓主『沽直』而为之乎？」⑧主人语塞，谢之，而心颇衔之。由是黠者日夜伺其短，诱朴者共媒糵，劝主人逐之。⑨

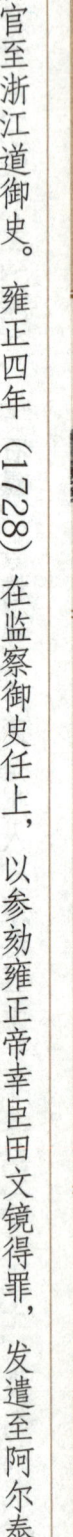
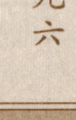

会主人有罪下狱，不果。未几，奉命戍边，出狱治装。黠者逃矣，朴者亦力求他去，戆者攘臂而前曰：『此吾主报国之时，即吾侪报主之时也！仆愿往。』⑩市马造车，制穹庐、备粱糗以从。⑪

于是，主人喟然叹曰：『吾向以为黠者有用、朴者可用也。乃今而知黠者有用而不可用，而戆者可用也；朴者可用而实无用，而戆者有用也！』⑫养以为子，名曰戆子云。

选自《梅庄杂著》

注释

①这篇《戆子记》是谢济世对一位厚直的仆人事迹的记述，但其实也折射出作者自己性格特点的某些方面。②梅庄主人：谢济世的别名。翰林：翰林院。明清时的翰林院掌编修国史及草拟诏令等。谢济世曾任翰林院检讨。黠（xiá）：狡猾。朴：质朴。戆（zhuàng）：憨厚而刚直。③同馆：指同在翰林。兴阑、兴尽。侑（yòu）：劝酒。一觞（shāng）：一杯，告诉。他故：其他原因。故，缘故，原因。遣：派遣，使离去。司阍（hūn）：守门，把门。④咤：同『诧』，惊异，诧异。胡为：为什么。未尝：从来没有，从不。醉命：醉酒时指使。『挥拳』三句：挥拳赶走劝酒的人，来客也一哄而散，主人非常羞愧。⑤酌酒：斟酒，这里指自饮。『黠者』二句：狡猾的仆人使眼色让校书：校勘书籍。罄（qìng）：空，尽。酡（tuó）：喝酒后脸发红。『黠者』二句：狡猾的仆人使眼色让朴实的仆人再去买酒，在路上遇到耿直的仆人。眴（shùn）：使眼色，用眼神指使。沽：买。有益无损。⑥酤：指买酒。伤费：损失费用。有损无益，这里指有害无利。强：勉强。颔：点头。⑦既而：不久。御史：明清时设监察御史，分道行使监察职责。谢济世曾任浙江道御史。顿足：跺脚。形

古文觀止 卷十三 清文

容焦急的样子。羹(gēng)污衣：东汉刘宽的侍女不小心把菜汤弄脏了他的朝衣，刘宽不但没责怪她，反而问菜汤有没有把她烫伤。烛燃须：北宋名将韩琦帅定州时，晚上书写，让侍兵拿着蜡烛。侍兵只顾着看韩书写，烛焰烧到韩琦的胡须。韩用袖子把烛台挥开，书写如故。⑧『尔欲』二句：你是想出售耿直呢？还是要卖出恩惠呢？沽直：出售耿直。市恩：卖出恩惠。居言路：指主人（谢济世）任御史之职，掌诤谏之责。『异日』二句：他日跪在御榻前去和皇上争辩是非，依次坐在朝堂上与大臣们争论可做与否。朝班：朝官排列的位次。献替：可否。印绶：官印。绶，系印的丝带。『甘迁』句：甘心遭贬谪而如同回返。跟：指鞋。『主亦』二句：主人您也是『沽直』而这样做的吗？⑨语塞：意为说不出话来。衔之：怀恨这件事。『由是』三句：所以，狡猾的仆人整天窥伺耿直仆人的短处，引诱朴实的仆人共同制造理由，使人获罪。⑩会：适逢，恰逢。下狱：指谢济世因弹劾河南巡抚田文镜不法而获罪，被免浙江道御史，往阿尔泰军前效力赎罪。不果：最终没有，没有结果。未几：不久。治装：置办行装。置，备办。攘(rǎng)臂：捋起袖子露出手臂。『此吾主』三句：这是我们的主人报效国家的时候，也就是我辈报效主人的时候啊！我愿意去。吾侪(chái)：我辈。⑪市马：买马。市，买。穹庐：用毡子制成的圆顶帐篷。梁糗(qiǔ)：干粮。⑫喟然：叹息的样子。向：过去，从前。『乃今』句：现在才知道这狡猾的仆人『有用』却不堪用。乃今：现在，这才。

为学一首示子侄① 彭端淑

作者简介

彭端淑（1736年前后在世），清代诗人。字仪一、乐斋，丹棱（今属四川）人。年八十一岁。十岁时就能写文章，与弟弟肇洙、遵泗在当时知名度很高，号『三彭』。雍正十一年（1733）进士，被授为吏部主事，出为广东肇罗道，颇有治绩。后运米到粤西，在回来的路上失足落水，于是告老还家。主持锦江书院讲席，名噪一时。精通诗文，与李调元、张问陶一起被后人并称为『清代四川三才子』。有《白鹤堂文集》。

原文

天下事有难易乎？为之，则难者亦易矣；不为，则易者亦难矣。人之为学有难易乎？学之，则难者亦易矣；不学，则易者亦难矣。②

吾资之昏，不逮人也；吾材之庸，不逮人也；旦旦而学之，久而不怠焉，迄乎成，而亦不知其昏与庸也。吾资之聪，倍人也；吾材之敏，倍人也；屏弃而不用，其昏与庸无以异也。圣人之道，卒于鲁也传之。然则昏庸聪敏之用，岂有常哉！④

蜀之鄙有二僧，其一贫，其一富。贫者语于富者曰：『吾欲之南海，何如？』富者曰：『子何恃而往？』曰：『吾一瓶一钵足矣。』富者曰：『吾数年来欲买舟而下，犹未能也。子何恃而往！』越明年，贫者自南海还，以告富者，富者有惭色。西蜀之去南海，不知几千里也，僧之富者不能至，而贫者至焉。人之立志，顾不如蜀鄙之僧哉！⑥

是故聪与敏，可恃而不可恃也；自恃其聪与敏而不学者，自败者也。昏与庸，可限而不可限也；不自限其昏与庸而力学不倦者，自力者也。⑦

选自《白鹤堂文集》

注释

①彭端淑不仅是清代知识渊博的学者，也是一位教育家。这篇写给子侄的文章，谈的是为学之道。题目中的『一首』即『一篇』的意思。②为之⋯做，干。『之』字只起音节作用，无实义。③资⋯天资，禀赋。昏⋯糊涂。不逮⋯不及。材⋯指才能。庸⋯平庸，没有才能。旦旦⋯天天。怠⋯怠惰，懒惰。迄乎成⋯达到了成功。乎，于。『而亦』句⋯这也不知道那是昏还是庸啊。其⋯用于名词前，起指代作用，可译为『这』或『那』。④无以⋯没有什么。异⋯不同。『圣人之道』二句⋯指圣人孔子的学说由鲁钝的曾参传给子思，再由子思之徒传给了孟子。此后，由孟子传了下去。卒⋯尽，终。『然则』二句⋯既然这样，那么，昏庸与聪明的应用，哪有固定的方法呢！用⋯应用，实用。常⋯永恒的，固定不变的。⑤蜀之鄙⋯蜀地的边远地方。鄙，边远地方。之南海⋯到南海去。之，到。何如⋯怎么样。『子何』句⋯意为您依靠什么而去。恃⋯倚仗，依赖。瓶⋯汲水的瓦器。钵（bō）⋯这里指僧人用的食器。⑥越明年⋯过了第二年。顾⋯岂，难道。是故⋯所以，因此。『可恃』句⋯可以倚仗又不可倚仗啊。可限⋯可以限定。『不自限』二句⋯不自囿于『昏』和『庸』的概念，并不知疲倦地努力学习的，是自力的人啊！自力⋯靠自己的力量。

梅花岭记①

全祖望

作者简介

全祖望（1705~1755），清代学者、文学家。字绍衣，自署鲒埼(jiéqí)亭长，学者称谢山先生，浙江鄞县人。乾隆年间进士，初为翰林院庶吉士，不久受权贵张廷玉排挤，辞官归家，在蕺(jí)山书院主讲，专心著述，研究宋末和南明历史。有答弟子问经史疑义，录为《经史问答》。晚年定文稿为《鲒埼亭集》。

原文

顺治二年乙酉四月，江都围急，督相史忠烈公知势不可为，集诸将而语之曰："吾誓与城为殉，然仓皇中不可落于敌人之手以死，谁为我临期成此大节者？"副将军史德威慨然任之。忠烈喜曰："吾固未有子，汝当以同姓为吾后，吾上书太夫人，谱汝诸孙中。"③

二十五日城陷，忠烈拔刀自裁，诸将果争前抱持之。忠烈大呼德威，德威流涕不能执刃，遂为诸将拥而行。至小东门，大兵如林而至，马副使鸣騄、任太守民育及诸将刘都督肇基等皆死。忠烈乃瞠目曰："我史阁部也！"被执至南门，和硕豫亲王以先生呼之，劝之降。忠烈大骂而死。初，忠烈遗言："我死，当葬梅花岭上。"至是，德威求公之骨不可得，乃以衣冠葬之。⑤

或曰："城之破也，有亲见忠烈青衣乌帽，乘白马出天宁门投江而死者，未尝殒于城中也。"⑥自有是言，大江南北遂谓忠烈未死。已而，英、霍山师大起，皆托忠烈之名，仿佛陈涉之称项燕。⑦吴中孙公兆奎以起兵不克，执至白下。经略洪承畴与之有旧，问曰："先生在兵间，审知故扬州阁部史公果死耶？抑未死耶？"孙公答曰："经略从北来，审知故松山殉难督师洪公果死耶？抑未死耶？"承畴大恚，急呼麾下驱出斩之。⑧

呜呼！神仙诡诞之说，谓颜太师以兵解，文少保亦以悟大光明法蝉蜕，实未尝死。不知忠义者圣贤家法，其气浩然，常留天地之间，何必出世入世之面目？⑨神仙之说，所谓为蛇画足；即如忠烈遗骸，不可问矣。百年而后，予登岭上，与客述忠烈遗言，无不泪下如雨，想见当日围城光景。此即忠烈之面目，宛然可遇，是不必问其果解脱否也，而况冒其未死之名者哉！⑩

墓旁有丹徒钱烈女之冢，亦以乙酉在扬，凡五死而得绝，特告其父母火之，无留秽地，扬人葬之于此。江右王猷定、关中黄遵岩、粤东屈大均为作传铭哀词。⑪

顾尚有未尽表章者：予闻忠烈兄弟，自翰林可程下尚有数人，其后皆来江都省墓。适英、霍山师败，捕得冒称忠烈者，大将发至江都，令史氏男女来认之。⑫忠烈之第八弟已亡，其夫人年少有色，守节，亦出视之。大将艳其色，欲强娶之，夫人自裁而死。时以其出于大将之所逼也，莫敢为之表章者。⑬

呜呼，忠烈尝恨可程在北，当易姓之间不能仗节，出疏纠之，岂知身后乃有弟妇以女子而踵兄公之馀烈乎！⑭梅花如雪，芳香不染，异日有作忠烈祠者，副使诸公谅在从祀之列，当另为别室以祀夫人，附以烈女一辈也。⑮

选自《鲒埼亭集外编》卷二十

注释

① 全祖望少以诸生充选，贡入京师，曾得到方苞的赏识。辞官后，以治学为业。梅花岭在今扬州储门外，为明太守吴秀疏浚城河时积土成岭，上植梅花，故名。这是全祖望登临梅花岭后写的一篇文章，虽然称"记"，但不是游记，而是对历史事件的追述和对历史人物的追念，是"有感而发"的一篇祭文。② 顺治二年：指公元1645年。乙酉：这里指顺治二年。江都围急：扬州被围，形势危急。江都，即今江苏扬州。督相史忠烈公：清兵入关后，南明福王任史可法为兵部尚书、武英殿大学士督师扬州。明大学士职位相当于宰相，故称督相。"忠烈"是史可法死后的谥号。"督相"二句：督相史可法知道大势已去，已无法抵挡，召集各位将领并对他们说。"吾誓与"三句：我发誓要身体与城池共存亡，但是不能够在仓促中落到敌人的手中去死，谁能到时候为我保持危难之际的节操（杀死我殉国）？殉：为某种目的而死。临期：到时候。大节：危难之际的节操。③ 副将军史德威：指史可法部下副总兵官史德威。慨然：情绪激昂的样子。固：本来。谱：编制家谱。④ 自裁：自杀。执刃：持刀。马副史鸣騄：督理扬州军务的副帅马鸣騄。史阁部：指史可法。任太守民育：指扬州知府任民育。刘都督肇基：史可法部下都督刘肇基。和硕豫亲王：名多铎，努尔哈赤第十五子，封为豫亲王。清代亲王、公主都冠以"和硕"二字，是满语"部落"或"旗"的意思。当：应当，适于。至是：到了这种情况的时候。⑥ 天宁门：扬州城北门。未尝：从不，从来没有。殒：指死亡。⑦ 已而：不久。英、霍山师：明末在湖北英山和安徽霍山一带起义抗清的义军。义士冯弘图等人起兵于霍山，倡言史可法未死，众人信而从之，攻英山、霍山、六安，后为吴兆胜所败。"仿佛"句：就像秦末陈胜起义时假借楚将项燕的名义。⑧ 吴中：

古文觀止 卷十三 清文

今江苏吴县。孙公兆奎：吴江人孙兆奎率千人投奔太湖吴易的抗清组织，号『孙吴军』。后为吴兆胜所败。不克：不成功，即失败。白下：南京的别称。南京西北旧有白下城。经略洪承畴：经略，明清两代的官名，职位在总督之上。洪承畴明末曾任蓟辽总督，与清军在锦州南面的松山作战时兵败投降，后被任命为七省经略，驻江宁（南京）。审知：确知。松山殉难督师洪公：明末，蓟辽总督洪承畴与清兵在锦州松山激战后失利，一度传说洪承畴已经遇难，崇祯皇帝还为此设坛哭祭他。大恚（huì）：非常惭愧。麾下：即部下。⑨诡诞：奇异怪诞。『谓颜太师』句：说颜真卿死于兵刃成了仙。唐颜真卿被淮西叛将李希烈所害，传说过了十多年之后，他的仆人又在洛阳同德寺看到他在佛殿上坐，因此，当时人都传言他已经成了仙。『文少保』句：宋末抗元的文天祥也以道家的大光明法脱离肉身而成道。大光明法：道家的一种出世法，超脱于生死。蝉蜕：蝉脱去壳，比喻人脱离肉身而成道。圣贤家法：指圣人贤人立身的根本准则。出世入世：佛教称脱离人世的束缚叫出世，投身到人世间叫入世。⑩『神仙』四句：神仙的说法，是所谓为蛇添足，就像忠烈的遗骨，打探不到了。遗骸：指尸骨。『是不必』二句：这不必问他们果然解脱没有，何况还要冒他们未死之名声的说法呢。解脱：佛教谓解除烦恼，复归自在。⑪丹徒钱烈女：指镇江的烈女钱淑贤。清军攻破扬州时，她用自刎、自焚、上吊、吃药、投水、窒息、撞击等方式殉城。清王献定为之写有《钱烈女墓志铭》。乙酉：指顺治二年。秽：污浊，这里指弄脏。扬人：扬州人。江右王献定：江西人王献定。关中黄遵岩：关中（陕西）人黄遵岩。粤东屈大均：广东人屈大均。铭：把称述生平功德的文章刻在器物上。⑫『顾尚』句：只是还有没表彰完的。顾：只是。表章：显扬。可程：指史可法的弟弟史可程，明末曾任翰林院庶吉士。李自成起义军攻入北京，史可程投降。南归后，史可法请治之，南明福王令

祭妹文①

袁枚

作者简介

袁枚（1716~1798），清代诗人、散文家。字子才，号简斋，别号随园老人。浙江钱塘（今杭州）人。乾隆四年（1739）进士。曾任溧水、江宁等地知县。后辞官侨居江宁，筑园林于小仓山，以吟咏著作为乐。擅长古文和骈体，尤工于诗。论诗主张抒写性情，创立"性灵说"。乾嘉时期代表诗人之一，与赵翼、蒋士铨合称"乾隆三大家"。著有《小仓山房文集》《随园诗话》等。

原文

乾隆丁亥冬，葬三妹素文于上元之羊山，而奠以文曰：呜呼！汝生于浙而葬于斯，离吾乡七百里矣。当时虽觭梦幻想，宁知此为归骨所耶！②

予幼从先生授经，汝差肩而坐，爱听古人节义事；一旦长成，遽躬蹈之。呜呼！使汝不识诗书，或未必艰贞

汝以一念之贞，遇人仳离，致孤危托落。虽命之所存，天实为之；然而累汝至此者，未尝非予之过也。

史可程归家养母，流寓宜兴。省墓：探望、祭奠先人的坟墓。大将：指清军中的军官聂三。⑬夫人：这里指史可法八弟史可则的夫人，也是史可法夫人李氏的妹妹。⑭尝：曾，曾经。可程在北：指史可程降归自成事。易姓：指封建王朝的改朝换代。仗节：执守节操。出疏：指向皇帝陈述弃逐意见的上疏。兄公：指丈夫的哥哥。⑮副使诸公：指史可法的部下史德威、马鸣騄等人。谅：料想。从祀：附祭，陪祭。

古文觀止 卷十三 清文

若是。③

余捉蟋蟀，汝奮臂出其間；歲寒蟲僵，同臨其穴。今予殮汝葬汝，而當日之情形，憬然赴目。予九歲憩書齋，汝梳雙髻，披單縑來，溫《緇衣》一章。適先生𠮷戶入，聞兩童子音琅琅然，不覺莞爾，連呼則則，此七月望日事也。汝在九原，當分明記之。④予弱冠粵行，汝掎裳悲慟。逾三年，予披宮錦還家，汝從東廂扶案出，一家瞠視而笑，不記語從何起，大概說長安登科、函使報信遲早云爾。⑤凡此瑣瑣，雖為陳迹，然我一日未死，則一日不能忘。舊事填膺，思之淒梗，如影歷歷，逼取便逝，悔當時不將嫛婗情狀羅縷紀存。然而汝已不在人間，則雖年光倒流，兒時可再，而亦無與為證印者矣。⑥

汝之義絕高氏而歸也，堂上阿奶仗汝扶持，家中文墨眹汝辦治。嘗謂女流中最少明經義、諳雅故者，汝嫂非不婉嫕，而于此微缺然。故自汝歸後，雖為汝悲，實為予喜。予又長汝四歲，或人間長者先亡，可將身後托汝，而不謂汝之先予以去也。⑦

前年予病，汝終宵刺探，減一分則喜，增一分則憂。後雖小差，猶尚䎃䎃，無所娛遣。汝來床前，為說稗官野史可喜可愕之事，聊資一歡。⑧嗚呼！今而後吾將再病，教從何處呼汝耶？

汝之疾也，予信醫言無害，遠弔揚州，汝又慮戚吾心，阻人走報。及至綿惙已極，阿奶問：『望兄歸否？』⑨強應曰：『諾！』予已先一日夢汝來訣，心知不祥，飛舟渡江，果予以未時還家，而汝以辰時氣絕。四肢猶溫，一目未瞑，蓋猶忍死待予也。⑩嗚呼痛哉！早知訣汝，則予豈肯遠遊？即遊，亦尚有幾許心中言要汝知聞、共汝籌畫也。而今已矣！除吾死外，當無見期。吾又不知何日死可以見汝，而死後之有知無知與得見不得見，又卒難明也。然則抱此無涯之憾，天乎人乎！而竟已乎！⑪

汝之诗，吾已付梓；汝之女，吾已代嫁；汝之生平，吾已作传；唯汝之窀穸，尚未谋耳。先茔在杭，江广河深，势难归葬，故请母命而宁汝于斯，便祭扫也。其旁葬汝女阿印，其下两家，一为阿兄侍者朱氏，一为阿兄侍者陶氏。羊山旷渺，南望原隰，西望栖霞，风雨晨昏，羁魂有伴，当不孤寂。⑮所怜者，吾自戊寅年读汝《哭侄诗》后，至今无男；两女牙牙，生汝死后，才周晬耳。予虽亲在未敢言老，而齿危发秃，暗里自知，知在人间，尚复几日？⑯阿品远官河南，亦无子女，九族无可继者。⑰汝死我葬，我死谁埋？汝倘有灵，可能告我？

呜呼！身前既不可想，身后又不可知；哭汝既不闻汝言，奠汝又不见汝食。纸灰飞扬，朔风野大，阿兄归矣，犹屡屡回头望汝也。呜呼哀哉！呜呼哀哉！⑱

选自《小仓山房文集》卷十四

注释

①这篇著名的《祭妹文》，是袁枚的代表作，是他祭奠其亡妹袁素文的一篇祭文。虽然记叙的是生活中的琐碎细事，但充溢着作者真实深沉的情感。②乾隆丁亥：指清高宗乾隆三十二年（1767）。素文：袁机亡妹，即本篇所祭人。又名机，别号青琳居士。袁机幼时被父母与如皋（今属江苏）高氏指腹订婚。上元：古代县名，今属江苏。羊山：在今南京东。奠：设酒食而祭。呜呼：表示感慨的叹词。觭（jī）：同"奇"。③"汝以"三句：你为了坚守一个贞操的信念，遭遇丈夫并与之离弃，最终落到孤立危险、寂寥落寞的境遇。一念之贞：指袁枚三妹素文贞守与"有禽兽行"的高氏子成婚而铸就的不幸婚姻。此（pī）离：离弃，离别。孤危：孤立危险。托落：同"落拓"，

寂寞冷落。"然而"二句：可是拖累你到这样的地步，你也从不责怪我的过失。未尝：从不，从来没有。差肩：肩并肩。遽(jù)：就。躬蹈：亲身遵循。未必：不一定。艰贞：指处境艰难但能坚守不屈。若是：像这样。④僵：僵硬，指虫冬眠。"今予"三句：现在我给你入棺埋葬，而当时一起游乐的情景，远远地来到了眼前。殓(liàn)：给死者穿衣入棺称殓。憬然：远行的样子。憩(qì)：休憩，休息。单缣(jiān)：薄绢。温：温习，复习。《缁(zī)衣》：《诗经·郑风》中的篇名，是一首赞美郑武公的诗。⑤孥(zhǎ)：牵户：开门。莞尔：微笑的样子。则则：即"啧啧"，赞叹声。望日：指农历十五日。九原：即墓地。⑥弱冠：古代指男子二十岁。粤行：乾隆元年(1736)，袁枚经广东往广西桂林看望叔父袁鸿。掎(jǐ)：牵拉衣裳。掎，牵，扯。披宫锦：古代进士及第后披宫袍以示荣耀，这里指乾隆四年(1739)作者中进士，被授翰林院庶吉士。瞠视：瞠大眼睛直视。长安：本为汉唐都城，这里借指北京。登科：指科举考中进士。⑦填膺：充满胸膛。凄梗：指心境寒凉而阻塞的感觉。历历：一一分明。逼取便逝：等到要靠近仔细看时，又不见了。"悔当时"句：后悔当初没有将小时的情景详细地记述保留下来。婴婗(yīní)：指幼儿，小时候。罗缕：详尽地陈述。证印者：见证人。⑧"汝之义绝"句：素文嫁给高氏子后，多次遭毒打，甚至要被丈夫卖掉来抵押赌债。后来诉讼到官府而离异。阿奶：指袁枚的母亲章氏。睒(shǎn)：用眼神示意。⑨明经义：懂得经书的义理。谙雅故：熟悉规范的训释。谙，谙熟，熟悉。婉嫕(yì)：柔顺。先予以去：先于我而身亡，意即比我先死。⑩终宵：整夜。小差：病稍愈，"差"同"瘥"。腌殜(yèdié)：微病。娱遣：可供娱乐消遣的东西。稗(bài)官：小官，后引申为流传于街头巷尾的野史小说。愕：惊愕，惊讶。聊资：姑且可供。聊，暂且，姑且。⑪无害：没有大碍。吊：至，到。"汝又"二句：你又顾虑我会担心，

金陵八景图 明·郭存仁

全卷八景，所写皆为明代金陵实景。此选为《白鹭晴波》，图绘长江中的白鹭洲春色，崖边垂柳随风飘荡，洲上芦荻葱绿，江水浩淼，碧波涟漪，春意正浓。

阻止下人走马通报。戚：忧伤。走报：走马通报。『及至』句：到了病情危重到极点的时候。绵惙（chuò）：病危，病情危重。⑫诀：告别。未时：相当于下午一点至三点。辰时：相当于上午七点至九点。忍死待予：指临死不瞑目，期待我的到来。⑬『即游』于，最终。『然则』三句：那么抱了这种无边无际的遗憾，天啊人啊，却竟然真的完了吗？无涯之憾：无边无际的遗憾。二句：即便是出游，也还有很多心里话要你知道了解、与你共同筹划啊。已：过去。有知：指有意识。无知：指没有意识。卒：终乎：却竟然完结了吗！而：却。已：终，完。⑭付梓（zǐ）：交付刻板印刷。窀穸（zhūnxī）：指墓穴。未谋：没有谋议。先茔：指祖先的坟墓。『故请』二句：所以，告请母亲同意而把你葬在这里，是为了便于祭扫啊。⑮阿印：袁机的女儿，早夭。阿爷侍者：指袁枚父亲袁滨的侍妾。阿兄侍者：指袁枚的侍妾陶氏。『羊山』六句：羊山旷远渺茫，南面可以望见平原低洼地，西望可以望见栖霞山，在风雨凄凄的早晨和黄昏，你羁留的魂魄有了伴侣，应该不会再孤单寂寞。旷渺：空阔辽远。原隰（xí）：平原低洼之地。隰：低湿的地方。栖霞：山名，在南京东北。⑯戊寅年：指乾隆二十三

古文观止 卷十三 清文

年（1758）。《哭侄诗》：指袁枚丧子时，袁机曾作《阿兄得子不举》诗来悼念。牙牙：形容小儿学说话的声音。周晬（zuì）：周岁。亲在未敢言老：母亲还健在，自己不敢称老。⑰阿品：疑为袁枚之堂弟袁树，曾任河南正阳知县。九族：本身和本身以上高祖、曾祖、祖父、父及本身以下子、孙、曾孙、玄孙，共九辈人。⑱呜呼哀哉：祭文文末常用语，表示哀叹。

登泰山记①

姚鼐

作者简介

姚鼐（1732～1815），清代散文家。字姬传，一字梦榖，室名惜抱轩，旧时或称惜抱先生。安徽桐城人。乾隆进士，官刑部郎中、四库全书馆纂修官等职。先后主讲江宁、扬州等书院凡四十年。治经学兼及子史、诗文。曾师从刘大櫆学习古文，是『桐城派』的主要作家。主张文章以『考据』、『辞章』为手段，阐明儒家『义理』。作品多为书序、碑传之类，有《惜抱轩全集》，选有《古文辞类纂》、《五七言今体诗钞》。

原文

泰山之阳，汶水西流；其阴，济水东流。阳谷皆入汶，阴谷皆入济。②当其南北分者，古长城也。最高日观峰，在长城南十五里。③

余以乾隆三十九年十二月，自京师乘风雪，历齐河、长清，穿泰山西北谷，越长城之限，至于泰安。④

是月丁未，与知府朱孝纯子颍由南麓登。四十五里，道皆砌石为磴，其级七千有余。⑤

泰山正南面有三谷，中谷绕泰安城下，郦道元所谓环水也。余始循以入，道少半，越中岭，复循西谷，遂至其巅。⑥古时登山，循东谷入，道有天门。东谷者，古谓之天门溪水，余所不至也。今所经中岭及山巅崖限当道者，世皆谓之天门云。⑦道中迷雾冰滑，磴几不可登。及既上，苍山负雪，明烛天南，望晚日照城郭，汶水、徂徕如画，而半山居雾若带然。

戊申晦，五鼓，与子颍坐日观亭待日出。大风扬积雪击面。亭东自足下皆云漫，稍见云中白若樗蒲数十立者，山也。⑨极天，云一线异色，须臾成五彩；日上，正赤如丹，下有红光动摇承之。⑩或曰，此东海也。回视日观以西峰，或得日，或否，绛皓驳色，而皆若偻。⑪

亭西有岱祠，又有碧霞元君祠。皇帝行宫在碧霞元君祠东。⑫是日，观道中石刻，自唐显庆以来，其远古刻尽漫失。僻不当道者，皆不及。⑬

山多石，少土。石苍黑色，多平方，少圜。少杂树，多松；生石罅，皆平顶。冰雪，无瀑水，无鸟兽音迹。至日观，数里内无树，而雪与人膝齐。⑭

桐城姚鼐记。

选自《惜抱轩文集》卷十四

注释

①姚鼐参与纂修的《四库全书》于乾隆三十七年（1772）告成。两年后，姚告归田里，道经泰安，与知府朱孝纯同登泰山观日出，写下了这篇游记。②阳：古代指山的南面，水的北面。汶水：发源于山东莱芜原

古文觀止 卷十三 清文

山，西南流经泰安。济水：古水名。『阳谷』二句：山南的溪水都流入汶水，山北的溪水都流入济水。③古长城：指春秋时所筑的齐长城，其北为齐国，南为鲁国。日观峰：泰山顶峰之一。④乾隆三十九年：指公元1774年。齐河、长清：古代县名，今均属山东。限：门限（门下横木）。这里指长城横过泰山，像一条门槛。⑤朱孝纯子颍：指时任泰安知府的朱孝纯，子颍是他的字，山东历城人。磴：石头台阶。⑥郦道元：北魏地理学家，著有《水经注》。环水：发源于泰山，东流入汶水。循以入：顺着中谷的路走进去。循，顺着，沿着。道少半：路走了不到一半。中岭：又名中溪山，泰山中溪发源于此。⑦天门溪水：泰山天门下溪水，东流入汶水。『今所经』二句：现在所经过的中溪山和山巅像门限一样的山崖迎面拦道的，世人都说是天门。崖限：像门限一样的山崖。当道：挡道，拦路。⑧几：几乎。及既上：等到登上顶时。『而半山』句：半山腰停留着的云雾像一条带子似的。⑨戊申晦：戊申这一天正是月底。晦，指阴历每个月的最后一天。五鼓：五更时候。日观亭：泰山日观峰上的亭子。云漫：云雾弥漫。樗蒱（chūpú）：古代的一种赌具，长形而头尖。这里形容山峰。⑩极天：天尽头。须臾：一会儿，片刻。日上：太阳升起。动摇承之：摇摆不定地像捧着它。⑪或曰：有人说。回视：回望。或得日：有的山峰受光。皆若偻：都像弯腰屈背的样子。皆，都。绛皓驳色：指日观峰以西诸峰因受光不同，呈现或红或白的错杂颜色。⑫岱祠：泰山之神东岳大帝的祠庙。碧霞元君：传说中东岳大帝的女儿。行宫：古代皇帝出行时的临时驻所。⑬显庆：唐高宗的年号（656～660）。漫失：漫漶灭失。『僻不当道』二句：偏僻而不在道路附近的，都来不及去看。⑭多平方：指山石的形状大多平而方。圜：同『圆』。石罅（xià）：石缝。罅，缝隙。日观：指日观峰。

七一二

复鲁絜非书①

姚鼐

原文

桐城姚鼐顿首,絜非先生足下:相知恨少,晚遇先生。接其人,知为君子矣;读其文,非君子不能也。②往与程鱼门、周书昌尝论古今才士,唯为古文者最少,苟为之,必杰士也,况为之专且善如先生乎!辱书,引义谦而见推过当,非所敢任。③鼐自幼迄衰,获侍贤人长者为师友,剽取见闻,加臆度为说,非真知文、能为文也,奚辱命之哉?④盖虚怀乐取者,君子之心;而诵所得以正于君子,亦鄙陋之志也。⑤

鼐闻天地之道,阴阳刚柔而已。文者,天地之精英,而阴阳刚柔之发也。唯圣人之言,统二气之会而弗偏。⑥然而《易》、《诗》、《书》、《论语》所载,亦间有可以刚柔分矣。值其时其人,告语之体各有宜也。自诸子而降,其为文无有弗偏者。⑦其得于阳与刚之美者,则其文如霆,如电,如长风之出谷,如崇山峻崖,如决大川,如奔骐骥;其光也,如杲日,如火,如金镠铁;其于人也,如凭高视远,如君而朝万众,如鼓万勇士而战之。⑧其得于阴与柔之美者,则其文如升初日,如清风,如云,如霞,如烟,如幽林曲涧,如沦,如漾,如珠玉之辉,如鸿鹄之鸣而入寥廓;⑨其于人也,漻乎其如叹,邈乎其如有思,暖乎其如喜,愀乎其如悲。观其文,讽其音,则为文者之性情形状,举以殊焉。⑩

且夫阴阳刚柔,其本二端,造物者糅,而气有多寡进绌,则品次亿万以至于不可穷,万物生焉。故曰一阴一阳之为道。夫文之多变,亦若是也。⑪糅而偏胜可也,偏胜之极,一有一绝无,与夫刚不足为刚,柔不足为柔者,皆不可以言文。⑫今夫野人孺子闻乐,以为声歌弦管之会尔。苟善乐者闻之,则五音十二律,必

古文觀止 卷十三 清文

有一当接于耳而分矣。⑬夫论文者,岂异于是乎?

宋朝欧阳、曾公之文,其才皆偏于柔之美者也。欧公能取异已者之长而时济之,曾公能避所短而不犯。观先生之文,殆近于二公焉。⑭抑人之学文,其功力所能至者,陈理义必明当,布置取舍,繁简廉肉不失法,吐辞雅驯不芜而已。古今至此者,盖不数数得⑮然尚非文之至。文之至者,通乎神明,人力不及施也,先生以为然乎?⑯

惠寄之文,刻本固当见与,抄本谨封还。然抄本不能胜刻者。诸体以书疏赠序为上,记事之文次之,论辨又次之。鼐亦窃识数语于其间,未必当也。⑰《梅崖集》果有逾人处,恨不识其人。郎君令甥,皆美才,未易量,听所好恣为之,勿拘其途可也。⑱于所寄文,辄妄评说,勿罪勿罪。秋暑,唯体中安否?千万自爱!七月朔日。⑲

选自《惜抱轩文集》卷六

注释

① 鲁絜非:名九皋,江西新城人。乾隆三十六年(1771)进士,官山西夏县知县。以文章在江西闻名,曾就学于福建朱仕

山水图 清·傅眉

此图绘深山峦壁下村寺。山麓寺院内外密林排列,丰茂而荫郁,景色幽僻,布局平实而饶奇趣,用笔简洁,水墨交融,设色清爽,苍老古韵,生动自然,别具一格,是傅眉之绝品。

琇（号梅崖）。心仪姚鼐古文，想让自己的外甥从姚鼐学习，这篇文章是姚鼐写给鲁絜非的回信。②顿首：书信开头表示恭敬的用语。足下：是同辈相称的敬词。接：接待。③程鱼门：程晋芳，字鱼门，号蕺（jī）园，安徽歙（shè）人。乾隆十七年（1752）进士，官编修。学问渊博，藏书五万卷。推崇桐城派古文。周书昌：周永年，字书昌，山东历城人。乾隆年间进士，官编修。曾学古文于桐城派的刘大櫆。唯为：只写。苟：假如，如果。『况为之』句：何况专擅写古文并且像先生您一样写得好的呢。辱书：敬称他人的来信。『引义谦』句：推荐的文辞过于谦逊，推重（我的文章）的意见超过了限度。任：担当。④自幼迄衰：从小到老。『鼐自』二句：姚鼐我从小到老，得以侍奉贤人长者做师友。获：能够，得以。『盖虚怀』四句：大抵虚心求教、乐于有所获取，是君子的心理；而把自己读书的心得说出来，来求得君子指正，也是我庸俗浅薄的志向啊！诵所得：指诵读鲁絜非推荐的文章。臆度：主观推测。奚：何。辱命：意为有辱别人的请托。⑤『盖虚怀』四句：大抵虚心求教、乐于有所获取，是君子的心理；而把自己读书的心得说出来，来求得君子指正，也是我庸俗浅薄的志向啊！诵所得：指诵读鲁絜非推荐的文章。⑥天地之道：指天地之间的运行规律。发：生，出。『唯圣人』二句：只有圣人的言论，文章表达的方式，体例，各有适宜于或刚或柔的。告语之体：说话的方式，表达的方式。诸子：先秦时期各学派的学说。⑦间有：间或也有。『值其时』二句：遇到那时候的源于阴、阳二气两种相反力量的矛盾和统一的运动。二气：指阳气和阴气。古人认为，宇宙间一切运行不息的现象，都源于阴、阳二气两种相反力量的矛盾和统一的运动。⑧霆：疾雷。骐骥：良马，骏马。杲日：明亮的太阳。『如金』句：就像把灿灿金子镀在铁的表面。鏐（liú）：指纯美的黄金。『如君』二句：就像君王使万民朝见，就像鼓动百万勇士去战斗。⑨『其得于』二句：那得于阴和柔之美的，那么他的文章像太阳初升。沦：指兴起微波。漾：水波摇荡。寥廓：指天空。⑩潆：形容清澈的样子。邈：遥远。暖：滋润、温和的样子。愀：忧惧的样子。

古文觀止

卷十三　清文

七一五

古文观止 卷十三 清文

「则为」二句：那么，做文章的人的禀赋气质和作品表现，都是如此不同。举：全，都。以：相当于「这样」。殊：不同。⑪「且夫」二句：况且阴阳与刚柔，它的根本分为两类。「造物者」三句：造物者混杂阴阳刚柔，而气就有多与少、屈于伸，那么，事物的种类和等次就有亿万种以至于无穷。糅：混杂，错杂。进绌：原指升迁和降职，这里指气的进退。品次：指事物的种类和好坏。道：指万物的源头。若是：像这样。⑫「偏胜」四句：事物美好到极点，一种有一种完全没有，与刚不够刚，柔不够柔的，都不能够谈论文采。偏胜：偏于美好。胜，事物优越美好。⑬野人：乡野之人。孺子：指儿童。会：会合，聚集。音，即宫、商、角、徵、羽。十二律：古乐的十二调，其中阳律六，有黄钟、太簇、姑洗、蕤宾、夷则、无射；阴律六，有大吕、夹钟、仲吕、林钟、南吕、应钟。当：适当，恰当。⑭欧阳：指北宋文学家欧阳修。曾公：指北宋文学家曾巩。时济之：时时增益。「之」无实义，只起音节作用。廉肉：古代音乐上的术语，这里借肥瘦之意形容节奏的急缓。「繁简」二句：文章的繁与简、语气的急与缓不失法度，写作文章温文规范不繁杂罢了。雅驯：温文不俗。不芜：不繁杂。数数：屡次，常常。⑯「然尚非」句：可是还没达到写文章的最高境界。施：给予。然：对，是。⑰刻本：指刻版印刷的书。固：本来。见与：别人以物赠己。抄本：指手工抄写的书本。书疏：上书、奏疏、信札之类。赠序：赠别之文。窃识数语：意为私下谈了我的几点见解。⑱《梅崖集》：指《梅崖居士文集》，福建建宁人朱仕琇著。鲁絜非当时正跟着他学习。逾：胜过，超过。郎君：贵家子弟。令甥：指鲁絜非的外甥陈用光。未易量：不可限量，指前途一片

重修盘门双忠祠记①

彭绍升

作者简介

彭绍升（1740～1796），字允初，别号尺木居士，又号知归子。江苏长洲（今吴县）人。乾隆年间进士，家居不仕。最初研究程朱理学，后由陆九渊、王守仁的理学通向禅学。彭绍升价值观和人生观非常独特。论学把感受性情作为根本。用禅学精神来解释儒学，试图调和儒、佛两家的思想。著有《二林居集》。

原文

余观建炎之事，宋之不亡者幸耳。方金兵破扬州，于时高宗驻平江，去敌尚远，平江固可守也。② 蹙蹙焉去之临安，而越，而明，不暇一夕息。已而敌破建康，道广德，趋临安，由越入明，纵掠海上而归。③ 使其时平江诸将帅以劲旅遏其冲，俾只轮不反无难者，奈何兵不战而溃，城不攻而下，坐使五十万人并命于锋刃而莫之救？④

相传金兵自盘门入，有二士者拒战于门外，一死于阵，一死于水，而盘门破矣。呜呼！彼守城者，或则宣抚使，或则侍郎，非不显且要也，委而去之，若弃唾涕，而独遗二士者以殉国之烈，此不可为发愤而深痛者哉！⑤

然自二士之死，里人神而祀之，迄今六百馀年，而灵爽益著。⑥ 二士俱汴人，从高宗南渡守平江。其一刘姓鼐名,盖死于阵者也;其一张姓鳌名,盖死于水者也。祠有明永乐中俞祯碑,以鼐为顺国明王,职天坛传奏司;以鳌为顺济龙王,职盘溪守御司。⑦其封爵莫知何昉,要其来也则远矣。近者祠久不修,里人醵金千两,新其宇。既成,属予记。⑧祠在盘门外灵岩乡,俗名双土地祠。余更之曰"双忠"。夫其忠也,乃其所以自神也。遂书而记之。⑨

选自《二林居集》

注释

① 盘门:位于苏州古城西南的古运河河畔。曾是春秋吴国都城的八门之一,古称蟠门。② 建炎之事:建炎为南宋高宗的年号。这里指金人掳徽、钦二帝灭北宋,南宋高宗即位后南渡的事。金兵破扬州:南宋建炎三年(1129),宋高宗渡江南逃,金兵入扬州,火烧扬州城。于时:在这个时候。驻跸,指高宗南逃途中停留暂住。平江:今苏州。③ 蹙(cù)蹙:局促不得舒展的样子,这里形容紧迫、急促。去:赶往。临安:今杭州。而:然后。越:越州。明:明州,今宁波。不暇:没有空闲时间。已而:不久,随即。建康:今南京。道:取道,途经。广德:今属安徽。趋:追逐。纵掠:大肆杀掠。④"使其时"二句:如果那时驻守平江的各位将帅以劲旅过守军事要冲,使敌军全军覆没并不难。冲:军事或交通上的要地。并,一并,一起。⑤侍郎:古代中央各部的副长官。宣抚使:官名,即宣慰安抚使,原指朝廷派往经历战争或灾祸地区巡视的朝官,元以后在少数民族地区设置的地方官也叫宣抚使。明清时沿置为武职士官。委而去之:弃城逃走。委,丢弃,抛弃。唾涕:指唾沫和鼻涕。"而独遗"二句:却独独剩下这两位义士去充殉国的义烈,这

哀盐船文 ① 汪中

作者简介

汪中（1745～1794），清代哲学家、文学家、史学家。字容甫，号颂父。江苏江都（今扬州）人。乾隆拔贡生，后不再应举。潜心研究经术，博览群书，精于史学，工于骈文。著有《广陵通典》、《述学》、《容甫先生遗诗》等。

原文

乾隆三十五年十二月乙卯，仪征盐船火，坏船百有三十，焚及溺死者千有四百。② 是时盐纲皆直达，东自泰州，西极于汉阳，转运半天下焉。唯仪征绾其口，列樯蔽空，束江而立，望之隐若城郭。一夕并命，郁

不该使人为之气愤并感到深深的悲痛吗！可：该。⑥『然自』二句：可是自从这两位义士死后，盘门同乡同里的人尊这两位义士为神并岁时祭祀他们。里人：指盘门乡里的人。古代五家为邻，五邻为里。灵爽：神明，精气。⑦汴人：开封人。永乐：明成祖年号（1403～1424）。俞祯碑：俞祯所撰碑文。俞祯，生卒不详。⑧『其封爵』二句：他们被封爵不知道是从什么时候开始，总之那由来就很远了。何昉（fǎng）：从何时开始。要：总括，概括。酾（lí）金：凑钱。新：翻新。既成：已经完工。既，已经。属：同『嘱』，嘱咐，嘱托。予：同『余』，我。记：本为古代的一种文体名称，这里指作记。⑨『乃其』句：是他们自然神明的原因啊。所以……的原因。自神：始以为神。遂：于是。书：写。

古文观止 卷十三 清文

为枯腊，烈烈厄运，可不悲邪？③

于时玄冥告成，万物休息，穷阴涸凝，寒威凛栗，黑眚拔来，阳光西匿。④群饱方嬉，歌咢宴食，死气交缠，视面唯墨。⑤夜漏始下，惊飙勃发，万窍怒号，地脉荡决，大声发于空廊，而水波山立。⑥

于斯时也，有火作焉。摩木自生，星星如血。炎光一灼，百舫尽赤。青烟睒睒，熛若沃雪。⑦蒸云气以为霞，炙阴崖而焦爇。始连楫以下碇，乃焚如以俱没。⑧倏阳焰之腾高，鼓腥风而一煐。泊埃雾之重开，遂声销而形灭。齐千命于一瞬，指人世以长诀。发冤气之煮蒿，合游氛而障日。行当午而迷方，扬沙砾之嫖疾。⑨衣缯败絮，墨查炭屑，浮江而下，至于海不绝。⑪

侧张皇，生涂未绝。⑨跳踯火中，明见毛发。痛暑田田，狂呼气竭。转

亦有没者善游，操舟若神，死丧之威，从井有仁；旋入雷渊，并为波臣。⑫又或择音无门，投身急濑，知蹈水之必濡，犹入险而思济。挟惊浪以雷奔，势若陟而终坠，逃灼烂之须臾，乃同归乎死地。⑬积哀怨于灵台，乘精爽而为厉。出寒流以浃辰，目睊睊而犹视。⑭知天属之来抚，憝流血以盈眦，诉强死之悲心，口不言而以意。⑮

若其焚剥支离，漫澷莫别，圜者如圈，破者如玦。积埃填窍，捫指失节，嗟狸首之残形，聚谁何而同穴。⑯收然灰之一抔，辨焚馀之白骨。⑰呜呼，哀哉！

且夫众生乘化，是云天常，妻孥环之，绝气寝床。以死卫上，用登明堂，离而不惩，祀为国殇。⑱兹也无名，又非其命，天乎何辜，罹此冤横！游魂不归，居人心绝。麦饭壶浆，临江呜咽。⑲日堕天昏，凄凄鬼语。守哭迍邅，心期冥遇。唯血嗣之相依，尚腾哀而属路。或举族之沉波，终狐祥而无主。⑳悲夫！从家有

坎，泰厉有祀，强饮强食，冯其气类。尚群游之乐，而无为妖祟！㉑人逢其凶也邪？天降其酷也邪？夫何为而至于此极哉！

选自《述学·补遗》

注释

①汪中二十七岁时，江苏仪征沙漫洲发生了一起盐船失火事件，他为此写了这篇骈文形式的哀文。②乾隆三十五年：即公元1770年。仪征：今属江苏，在长江北岸。溺死：落水淹死。③盐纲：分批转运的大批货物，每批计其车辆船只，编立字号，为一纲。盐纲指转运的一批盐货。『是时』四句：这个时期的盐纲都是直达，东自江苏泰州，西尽于湖北汉阳，转运的物资占半个中国。绾（wǎn）：扼控。列樯：成排的桅杆。并命：同时死亡。郁为枯腊：人的尸体像焦枯的干肉一样积聚在一起。郁，积聚。枯腊（xī），指风干的尸肉。烈烈：火盛貌。④『于时』二句：冬末的时候，玄冥的工作即将成功，万物也进入到了休眠状态。于时：当时。玄冥：古代主管冬令的神。告成：告其成功。穷阴：指冬末极其阴沉的天气。涸凝：凝结。凛栗（lì）：严寒。眚（shěng）：目生翳（yì），指内障。黑眚，引申为障目的黑色烟雾。拔来：突然而来。西匿：指夕阳落入地平线下。⑤『群饱』二句：人们吃饱后正在嬉戏，又歌又唱地进餐聚会。嚣：徒手敲击。死气：迷信说法认为人有凶兆时，死气出现。⑥夜漏始下：指天刚晚。惊飙：暴风。勃发：突发。窍：孔，洞。地脉：地的脉络，指江河。大声：巨大的声响。水波山立：指汹涌的波涛像一座座山峰。⑦作：起，始。『摩木』二句：火焰贴着船木而自燃，星星点点如血光一般。星星：点点。炎光：火光。灼：明彻，鲜明。舫：两船并在一起。⑧『蒸云气』二句：把天空中被烈焰（shǎn）睒：晶莹闪烁的样子。熛（biāo）：飞火。沃雪：用沸水浇雪。

古文觀止 卷十三 清文

火蒸烤的云气当做云霞，连背阴的岸崖也被烧焦。爇（ruò）……烧焦。连楫（jí）……船相连。楫，桨。下碇……相当于"抛锚"。焚如……形容火焰炽盛。⑨跳踯……跳跃的样子。毛发……人体上的汗毛和头发。⑩傫阳焰……痛楚的喊叫声。田田……指哀哭声。转侧……转动，迁徙不定。张皇……惊慌。生涂……生路。涂，路。⑩傫阳焰四句……突然，明亮的火焰腾空而起，一阵腥风吹过，传来烧灼的声音。等到烈火扬起的灰尘、烟雾散开时，被烧的人不但声音消失，形体也消失了。倏（shū）……迅疾。呹（xuè）……微小的声音。洎（jì）……及。"齐千命"二句……千条性命一起在一瞬间终结，手指人世间以作永久的告别。煮（xūn）蒿……气味散发。漂疾……强劲迅疾的样子。"行当"二句……在正午行船而迷失方向，水面上扬起迅疾的沙砾。当午……即正午。⑪衣繒败絮……指好衣服露出破棉絮。繒，丝织品的总称。墨查……指被烧焦而浮在水面上的木头。查，同"楂"，指水中的浮木。⑫"亦有"四句……也有人潜水善游，掌控舟船就好像有神仙在帮助他一样，死亡的恐怖威胁着人们，（于是人们）纷纷跟着跳进水中。没者……潜入水中的人。死丧之威……指死丧等令人恐惧的事。波臣……旧称死于水的人叫"与波臣为伍"。⑬择音……寻找逃生的办法。音，同"荫"，遮蔽。急濑（lài）……湍急的浅水。从井有仁……古代有仁者堕井、从者投之的传说，这里意为跟着跳进江中。雷渊……有雷神的深渊。雷奔……迅猛的样子。隮（jī）……登，升。灼句……倚仗迅猛的浪涛，水中的人随浪头势若升起而终致坠入水中。"挟惊浪"二句……那些跳进水中的人虽然知道一定会被淹，还是冒着危险希望得到别人的帮助。"出寒流"二句……十二天后尸体从寒凉的江水中漂浮出来，他们含着愤恨的目光，就好像是在看着什么。浹辰……十二天。⑭灵台……内心。精爽……灵魂。厉……恶鬼。烂……烧伤。慭（yìn）……伤痛。盈眦（zì）……满眼眶。强死……横死，死于非命。意……胸臆，心意。⑯支离……形容残缺不全。漫漶……模糊不

古文觀止 卷十三 清文

病梅馆记①

龔自珍

作者简介

龔自珍（1792~1841），清代思想家、文学家。一名巩祚，字璱人，号定盦。浙江仁和（今杭州）

清。圜者如圈：指被水泡发的圆形尸体。块：本指环形有缺口的佩玉，这里形容尸首残缺不全。捰（三）：指折断指头。节、骨关节。狸首：比喻形体不全。谁何：不知这人是谁。穴：指坟墓。⑰然灰：即燃灰，这里指骨灰。一抔（póu）：一把。⑱乘化：顺应自然的变化。天常：自然的常道、规律。妻孥：妻子儿女。"以死"四句：用死来护卫皇上，名字可以高挂明堂之上，身首相离而心终不悔，为国家牺牲而被人们祭祀。用：可。明堂：古代天子宣明政教的地方。不憖：不以为戒，这里意为不悔。国殇：指为国牺牲的人。⑲罹（三）：遭遇，遭受。冤横：指飞来的冤祸。居人：居家的人，指家人。麦饭：麦屑做的饭，泛指面食。⑳迍邅（zhūnzhān）：难行不进的样子。心期：期望。冥遇：在阴间相见。血嗣：有血亲关系的子嗣。属路：附着于路途者相依为命的血亲子孙们，还在路上高声哀泣。"惟血嗣"二句：有的全族的人都沉入水中做了波臣，最终断了子孙，连祭祀时这些人都是没有人给他们祭祀的鬼。狐祥：指没有子孙。出自《战国策·楚策》："鬼狐祥而无食。"无主：没有人主管祭祀。㉑丛冢：把许多人葬在一起的坟墓。冢，坟墓。坎：墓穴。泰厉：古代指祭祀没有后代的死者，这些鬼因为没有在世间什么依靠，喜欢祸害还活着的人，所以要祭祀他们。冯：凭。气类：指气味相投的鬼。无为妖祟：不要作怪。

古文觀止 卷十三 清文

人。幼从外祖父段玉裁习《说文》。道光年间进士，曾官至礼部主事，后辞官南归，任丹阳云阳书院讲习。精通经学、小学和史地之学，提倡经世致用，是"今文学派"的重要人物，与魏源齐名，世称"龚魏"。其散文奥博纵横。著有《定庵文集》，留存文章300余篇，诗词近800首，今人辑为《龚自珍全集》。

原文

江宁之龙蟠，苏州之邓尉，杭州之西溪，皆产梅。①②或曰：『梅以曲为美，直则无姿；以欹为美，正则无景；以疏为美，密则无态。』③固也。此文人画士心知其意，未可明诏大号，以绳天下之梅也；又不可使天下之民斫直、删密、锄正，以夭梅、病梅为业以求钱也；④梅之欹、之疏、之曲，又非蠢蠢求钱之民能以其智力为也。有以文人画士孤癖之隐，明告鬻梅者：斫其正养其旁条，删其密夭其稚枝，锄其直遏其生气，以求重价。而江浙之梅皆病。文人画士之祸之烈至此哉！⑤

予购三百盆，皆病者，无一完者。既泣之三日，乃誓疗之、纵之、顺之。毁其盆，悉埋于地，解其棕缚，以五年为期，必复之、全之。⑥予本非文人画士，甘受诟厉，辟病梅之馆以贮之。⑦呜呼！安得使予多暇日，又多闲田，以广贮江宁、苏州、杭州之病梅，穷予生之光阴以疗梅也哉。

选自《定盦全集》卷七

注释

①这篇短文作于道光十九年（1839）作者辞官南归杭州之后，又名《疗梅说》。②江宁：今江苏南京。龙蟠：南京钟山。邓尉：江苏吴县西南的山名，因汉邓尉隐居于此而得名。西溪：在今浙江杭州灵隐山西北，多梅树。③『梅以曲』六句：梅花的树干以曲为美，过直就没有美的姿态；它的树枝以斜为美，过正

原才①

曾国藩

作者简介

曾国藩（1811~1872），初名子城，字涤生。湖南湘乡人。清朝中晚期重臣。幼时半耕半读。道光年间进士，曾官至内阁学士、兵部侍郎。咸丰（1851）初遭父母之丧，家居。适逢太平天国农民起义，奉命在原籍（湖南）督办团练湘军，镇压农民起义军。转战十年，先后收复各省，平定东南。因功被封为一等毅勇侯，世袭。后以大学士任两江总督。死后谥号"文正"。曾国藩的古文师法桐城派姚鼐，有汉魏雄健瑰丽之气，为世称道。有《曾文正公全集》。

就缺乏景致；它的枝条以疏为美，过密就缺少情致。敧（qī）：斜。景：景象。态：姿态，神情。④固：本来。"此文人"三句：这是文人画士内心所崇尚的审美意向，不能公开下令规定和号召天下的梅树啊。明诏：明白地告诫。大号：大力倡导。绳：约束，制裁。斫（zhuó）直：砍去直条。删密：削去密枝。锄正：铲除主干。夭：摧折。⑤"又非"句：又不是众多杂乱的追逐金钱的民众凭借他们的智力所能做到的。孤癖之隐：奇特古怪癖好的隐衷。鬻（yù）梅者：卖梅的人。鬻，卖。"斫其"三句：砍掉它的正枝来培养它的旁条，删除它的密枝，锄断它的直干来遏止它向上生长的活力。稚枝、嫩枝：生命力，活力。祸：危害。烈：凶猛，严酷。至此：到这种程度。⑥纵：放纵，放任。顺：顺从，顺应。棕缚：捆绑的棕绳。⑦诟厉：责骂，怒骂。辟：开拓，开垦。

古文觀止 卷十三 清文

原文

风俗之厚薄奚自乎？自乎一二人之心之所向而已。①民之生，庸弱者戢戢皆是也。有一二贤且智者，则众人君之而受命焉；尤智者，所君尤众焉。②此一二人者之心向义，则众人与之赴义；一二人者之心向利，则众人与之赴利。③众人所趋，势之所归，虽有大力，莫之敢逆。故曰：『挠万物者莫疾乎风。』风俗之于人心也，始乎微，而终乎不可御者也。⑤

先王之治天下，使贤者皆当路在势，其风民也皆以义，故道一而俗同。⑥世教既衰，所谓一二人者，不尽在位，彼其心之所向，势不能不腾为口说，而播为声气。⑦而众人者，势不能不听命而蒸为习尚。于是徒党蔚起，而一时之人才出焉。⑧有以仁义倡者，其徒党亦死仁义而不顾；有以功利倡者，其徒党亦死功利而不返。⑨『水流湿，火就燥。』无感不雠，所从来久矣。⑩

今之君子之在势者，辄曰：『天下无才。』彼自尸于高明之地，不克以己之所向转移习俗，而陶铸一世之人，而翻谢曰无才。谓之不诬，可乎？⑪否也！十室之邑，有好义之士，其智足以移十人者，必能拔十人中之尤者而材之；其智足以移百人者，必能拔百人中之尤者而材之。⑫然则，转移习俗而陶铸一世之人，非特处高明之地者然也。凡一命以上，皆与有责焉者也。⑬

有国家者，得吾说而存之，则将慎择与共天位之人；士大夫得吾说而存之，则将惴惴乎谨其心之所向，恐一不当，以坏风俗而贼人才。⑭循是为之，数十年之后，万一有收其效者乎？非所逆睹已。⑮

选自《曾国藩全集·诗文·文》

注释

① 《原才》是以"原"这种文体写就的一篇推究人才的本原而加以论述的文章。② 风俗：一地长期形成的民俗习惯等。奚自：从何。"自乎"句：从少数人的心所趋向的地方罢了。一二人：少数人。一二，表示少数、小量。③ 生：天性。戢（三）戢：聚集的样子。"有一二"句：有一两个贤明且有智慧的人，那么，民众就会拥戴他为君主并听他的话。君之：以他为君。所君：所拥戴为君的。④ 向义：趋向于义。赴义：奔向义的一边。⑤ "众人"四句：民众所追逐的，是势力所归向的，虽有极大的力量，不可抵挡它。所趋：所遵循的。势：势力，力量。大力：极大的力量。"挠万物"句：摇动万物，没有比风更迅疾的了。见《易经·说卦传》。御：抵御，阻止。⑥ "使贤者"二句：让贤明的人都掌握权有权力，他们教化人民也都靠义。当路：当权。道一：道理一样。⑦ 世教：指当代正统的思想。所谓：所说的。"彼其心"三句：他们那心中所向往的，其态势不能不用口说来传播，于是成为声音和气息流布开来。势：态势。腾：传播。声气：指声音和气息。⑧ "而众人"二句：可是普通民众呢，世势使得他们不能不听从一二人的说法并成为习惯风尚。蒸：升，腾。习尚：习惯，风尚。⑨ 倡：倡导。死仁义：效死于仁义。顾：回头看。⑩ "水流湿"二句：水流经的地方显得湿，火焰趋向于干燥的地方。无感不雠（chóu）：没有感应而不回答，意为有感必应。"所从"句：由来很久了。⑪ 在势：指有权势。辄：总是。"彼自尸"二句：他们尸位素餐，占据主事的位置，不能够以自己所追求向往的道理来转化风俗习惯。陶铸：造就，培育。翻谢：反而相告。不诬：不虚妄。⑫ 好义之士：爱好正义的人。"其智"二句：他们的智慧足以影响改变十人的，一定能够选拔十人中的优秀者并使之为材。移：改变。材之：使之为材。材，使……为材。⑬ "然则"

古文观止

卷十三 清文

七二七

古文观止 卷十三 清文

三句：如果是这样，那么，转化风俗习惯并培养造就出一世的人才，并不单是处在高位的人应当这样做。特处：独处。然：这样。一命：指低微的小官。⑭『有国家』三句：保有国家的人，得到我的学说并记在心中，那么，将要谨慎地选择共事王位的贤人。有国家者：指保有国家的人。天位：王位，帝位，这里指与天所共事的贤人之位。惴（zhuì）惴：形容恐惧的样子。谨：小心，谨慎。贼：害。⑮循是：依照这样。循，按照，依照。逆睹：意为预见。已：了，呢。

《媭砧课诵图》序①

王拯

作者简介

王拯（1815~1876），清代文学家，原名锡振，字定甫，号少鹤。广西马平（今柳州）人。道光年间进士。与同乡朱琦、龙启瑞常相处，在京师齐名。曾官至通政使。能诗能文，著有《龙壁山房文集、诗集》、《茂陵秋雨词》。

原文

《媭砧课诵图》者，不材拯官京师日之所作也。拯之官京师，姊刘在家奉其老姑，不能来就弟养。②今姑殁矣，姊复寄食宁氏姊于广州，阻于远行。③拯自始官日，蓄志南归，以迄于今，颠顿荒忽，琐屑自牵，以不得遂其志。④

念自七岁时先妣殁，遂来依姊氏。姊适新寡，又丧其遗腹子，茕茕独处。⑤屋后小园数丈馀，嘉树荫

之。树阴有屋二椽，姊携拯居焉。⑥拯十岁后就塾师学，朝出而暮归。比夜，则姊恒执女红，篝一灯，使拯读其旁。⑦夏苦热，辍夜课。天黎明，辄呼拯起，持小几就园树下读。树根安二巨石：一姊氏捣衣以为砧，一使拯坐而读。日出，乃遣入塾。⑧故拯幼时每朝入塾，所读书乃熟于他童。或夜读倦，稍逐于嬉游，姊必涕泣告以母氏勤劳瘁死之状，且曰：『汝今弗勉学，母氏地下戚矣！』拯哀惧，泣告姊，后无复为此言。呜呼！拯不材，年三十矣。念十五六时，犹能执一卷就姊氏读，日惴惴于悲思忧戚之中，不敢稍自放逸。⑩自二十后出门，行身居业，日即荒怠。⑪念姊氏教不可忘，故为图以自警，冀使其身依然日读姊氏之侧，庶免其堕弃之日深，而终于无所成也。⑫

道光二十四年甲辰秋九月。为之图者，陈君名铄，为余丁酉同岁生也。⑬

选自《渝斋文钞》

注释

①这是一篇解说图画的序文。图画表现的是王拯幼时寄养在姊姊家，姊姊在砧边捣衣督促自己诵读时的情景，所以称《媭砧课诵图》。媭（xū）：古代楚湘一带称呼姊姊为『媭』。砧（zhēn）：指捣衣石。

②『不材』句：不才之人王拯在京师当官时所作的画呀。不材：即不才，自谦词。官京师：指王拯供职户部为七品京官的日子。姊刘：嫁给刘氏的姐姐。老姑：婆母。就弟养：由弟弟来奉养。③姑：指丈夫的母亲。④始官日：开始做官的时候。『颠顿』三句：生活一直颠沛困顿、反复不定，为烦琐小事所累，以致不能遂心所愿。颠顿：颠沛困顿。荒忽：指反复多变。琐屑：细碎，烦琐。牵：牵制，牵累。以：以致，使得。遂：顺

殁：死。寄食：依附他人而生活。宁氏姊：嫁给宁氏的姐姐。宁，嫁。阻于远行：受阻于道远难行。

⑤"念自"二句：想起我从七岁时母亲过世，就来依靠姐姐。先妣：指已经死去的母亲。适：刚，才。新寡：刚刚做了寡妇。遗腹子：孕妇在丈夫死后生下的孩子。⑥嘉：美。椽(chuán)：间，房屋的最小单位。⑦就塾师学：指到私塾老师那里学习。比：及，到。恒：经常操持。恒，常常，经常。女红(gōng)：古代指妇女从事的纺织、刺绣、缝纫等家事。篝：篝灯，置灯于笼中。⑧辍(chuò)：停止。小几：小桌子。逐：追逐，追赶。劬(qú)劳：辛苦，劳累。⑨每朝：每天早上。"或夜"三句：有时候晚上读书读累了，稍稍在嬉戏游乐中追遂，姐姐一定哭泣，把母亲因辛劳而突然死去的情况告诉我。遣：使，令。服的方法。弗：不。勉学：勤勉学习。戚：忧伤，悲伤。"拯哀惧"三句：王拯非常哀痛害怕，哭着告诉姐姐，以后请不要再说这话了。无复：不再。⑩"念十五"四句：回想十五六岁时，还能拿一卷书在姐姐旁边读，每天在忧虑悲伤中感到恐惧不安，不敢稍稍放任轻松。惴惴：形容恐惧害怕的样子。忧戚：忧愁悲伤。放逸：放任自由。⑪行身：立身行事。居业：保功业。荒怠：迷乱怠惰。⑫为图：画成图像。自警：自我警示。"冀"三句：希望让这身体依然每天在姐姐身边就读，但愿免于这懈怠荒弃的现状一天深于一天，而终至于无所成就啊。冀：希望，希望。庶：但愿。堕弃：懈怠忘记。⑬丁酉：指道光十七年。同岁生：即同年，古代科举同科同榜称同年。